大人物小故事丛书

文学家

颜煦之◎编著

台海出版社

图书在版编目（CIP）数据

文学家 / 颜煦之编著. —北京：台海出版社，
2013. 7

（大人物的小故事丛书）

ISBN 978-7-5168-0177-2

Ⅰ. ①文…Ⅲ. ①颜…Ⅲ. ①作家—生平事迹—世界—青年读物 ②作家—生平事迹—世界—少年读物
Ⅳ. ①K815.6-49

中国版本图书馆CIP数据核字（2013）第133318号

文学家

编　　著：颜煦之
责任编辑：王　品
装帧设计：视界创意　　　　　　版式设计：钟雪亮
责任校对：吕芳芳　　　　　　　责任印制：蔡　旭

出版发行：台海出版社
地　　址：北京市朝阳区劲松南路1号，　邮政编码：　100021
电　　话：010—64041652（发行，邮购）
传　　真：010—84045799（总编室）
网　　址：www.taimeng.org.cn/thcbs/default.htm
E-mail：thcbs@126.com

经　　销：全国各地新华书店
印　　刷：北京一鑫印务有限责任公司
本书如有破损、缺页、装订错误，请与本社联系调换

开　　本：710×1000　　1/16
字　　数：187千字　　　　　　印　　张：12
版　　次：2013年7月第1版　　印　　次：2021年6月第3次印刷
书　　号：ISBN 978-7-5168-0177-2

定价：29.60元

目录 MU LU

编者的话

古往今来，世界上涌现了多少英雄豪杰、旷世奇才！他们中有的胸怀天下，保家为国，为民谋福；有的文武双全，万夫莫当，勇冠三军；有的超凡入圣，博古通今，满腹经纶；有的足智多谋，能言善辩，安邦定国；有的七步成章，著书立说，著作等身；有的多才多艺，身怀绝技，不同凡响；有的心灵手巧，创造发明，造福人类；有的学富五车，诲人不倦，为人师表；有的浪迹天涯，出生入死，敢为人先；有的忍辱负重，自力更生，艰苦创业……

这些出类拔萃、建有丰功伟绩并能流芳百世的人物，就是人们所景仰的政治家、军事家、思想家、外交家、文学家、艺术家、科学家、教育家、探险家、企业家……

这些人，在他们各自领域能取得辉煌的成就，都有各自的原因。或是勤奋好学，任劳任怨；或是克勤克俭，锲而不舍；或是谦虚谨慎，勇于探索……他们的成功，离不开他们良好的心理素质和高尚的道德品质。他们的成功，都饱含着辛勤的汗水和痛苦的泪水。他们的成功，都有一个个说不完的动人故事。

这些人，是能人，是强人，是名人，是巨人，是圣人，是"超人"，是伟人，是我们常说的大人物。他们不仅为后人留下数不尽的物质财富，也给我们留下无尽的精神力量。他们是人们崇拜的对象，也是人们学习的榜样。

人们常说，"榜样的力量是无穷的"。"近朱者赤，近墨者黑"，就是这个道理。孟母三迁，择邻而居，就是要为儿子找个好榜样。

这里，我们收集了10个领域里共1000多位大人物的小故事。大人物，虽是伟人、巨人，但他们也是常人，是凡人。他们也有着跟普通人一样的经历。他们有七情六欲，喜怒哀乐；他们有成功的喜悦，也有失败的痛苦；他们曾有万贯家财，也曾一贫如洗；他们曾所向无敌，也曾溃不成军；他们曾受人敬仰，也曾被人耻笑……在他们身上，有许多这样生动有趣的小故事。

这些小故事，大都以历史事实为依据，加以描写；也有以人物传记为蓝本，加以缩写；也有以新闻报道为素材，加以改编。这些小故事，有写政治家的雄才大略，也写他的大智若愚；有写军事家的视死如归，也写他的儿女情长；有写外交家的大义凛然，也写他的委曲求全；有写思想家的真知灼见，也写他的人生追求；有写艺术家的勤奋刻苦，也写他的德艺双馨；有写教育家的知识渊博，也写他的不耻下问；有写文学家的创作甘苦，也写他的奇妙构思；有写科学家的呕心沥血，也写他的失败经历；有写探险家的赴汤蹈火，也写他的胆大心细；有写企业家的仗义疏财，也写他的精打细算……

这些小故事，像一颗颗璀璨的露珠，晶莹剔透，闪闪发亮，能折射出大人物们身上夺目的光芒。这就是人格魅力！这就是人格力量！这就是我们学习的榜样。

我们写出这些大人物的小故事，把他们的精神面貌一一展示在你的面前，少年朋友们读了这些小故事，当可从中获得知识，受到启迪，明白事理，学会做人。

祝福你，少年朋友，但愿你也能成为大人物！

·汨罗江畔的诗魂·

　　屈原是中国历史上第一位伟大的爱国诗人。他出身于贵族家庭，大约生于公元前340年。担任过楚国的大臣，曾对内实行改革，对外应接诸侯，主张联齐抗秦。但因受到贵族们的反对，两次被流放，在公元前278年第二次被流放途中，听到楚国郢都被秦军攻破的消息后，悲痛万分，自投汨罗江而死。屈原开创了中国浪漫主义诗歌的传统。他的作品《离骚》、《天问》、《九章》、《九歌》受到历代文人的喜爱。

　　那是秦军攻进郢都以后，湘东的一条河边，有一位60多岁的老人正在河边徘徊。他高高的个子，腰间佩着把长长的宝剑。暮春的江南，四周已经郁郁葱葱，面对这勃勃的生机，老人总是无法抹平眉间的忧怨。他，就是第二次被流放的屈原。

　　屈原边走边吟咏着自己第一次流放时写下的《离骚》中的诗句："长太息以掩涕兮，哀民生之多艰。"他长长地叹息，擦拭着眼泪，为国家的日渐衰落、百姓生活艰辛而悲哀。

　　想当初，屈原也曾为官左徒，修订改革计划，联齐抗秦，让楚国走上繁荣安定之路。曾几何时，那些卑鄙小人就破坏了这一切。糊涂的楚君王竟然美丑不辨，听信上官大夫谗言，放逐屈原，后来又被张仪、郑袖欺骗、迷惑，死在了秦国。

　　而那位幼稚无知的顷襄王，居然听任祸国殃民的于兰、靳尚的摆布，又一次把屈原放逐出郢都，来到这荒无人烟的地方。屈原遭遇这般迫害，本可另找明君，施展自己的才华，但是，他舍不得生养自己的地方，舍不得楚国。看来，只能像古代的彭贤一般，劝谏国君不听，投水而死了。

正当屈原满怀凄怆，无法解脱的时候，江边来了一位老渔夫。这位老渔夫看到这人披着长发，在岸边低着头，来来回回走了这么久，嘴里还喃喃自语，不知发生了什么事，赶忙跑上前来探望。他仔细一瞧，这才发觉是最近流放来的三闾大夫屈原。

"那不是三闾大夫吗？"渔夫赶忙问，"为什么一个人在这里？"屈原自言自语地回答："这世界一片混浊，只有我清清白白；他们都已经酩酊大醉，只有我头脑清醒。所以，我便被他们赶到这儿来了。"

老渔夫从屈原的话里，确确实实感到了一种绝望的悲哀，便上前劝说："真正的贤人是不受任何东西束缚的，要顺应世道的变化而变化。既然世上一片混浊，你何不随波逐流一番；既然大伙儿都醉了，你也来个一醉方休便成了。为什么一定要把自己看得像块美玉，招来无端的灾难呢？"

"咳！"屈原长长地叹了口气，"我听说，一个人洗过澡以后，一定要掸掸帽子，抖抖衣服，才肯穿戴整齐。谁能让自己纯洁的身子蒙上污垢呢？我宁可葬身鱼腹，也不会让自己受世俗的玷污！"

老渔夫似乎不再愿意受他绝望的悲哀感染，迈着沉重的步子走了。屈原展开双臂，让宽大的袍袖在江风里飞舞。他仿佛再一次沉浸在诗的天地里：那凌空飞翔的白龙和青龙呀，快来拉起我的车子，一块儿飞到天帝的琼楼玉宇去，我要再一次敲响天宫的大门，问一问什么地方才是理想的天堂。

追求真理的路是那么的艰难和漫长，屈原上下求索，一次次得到的却总是失望。看来，这人世间不会再有希望，他只能用一死来解脱了。

于是，屈原怀抱石块，投进了身边的汨罗江。一代诗魂，在滔滔江水之中，寻找到了自己的归宿。

·长信宫里夜未央·

　　西汉时期的贾谊，是一位眼光独到的政治家，更是一位才华出众的文学家。他公元前200年出生在洛阳，年少时便是洛阳有名的才子。他虽然曾向汉文帝提出过许多富国强兵的主张，但因为受周勃等重臣排挤，后只好担任长沙王和梁怀王的太傅。公元前168年，梁怀王在赴长安途中坠马摔死，贾谊郁郁寡欢，次年也一病身亡，年仅33岁。他的作品《过秦论》、《治安策》和《吊屈原赋》对后世影响极大。

　　在为朝廷服务了一段时间后，贾谊被逐出长安，担任长沙王的太傅，已经有三年了。当时，长沙是块远离长安的荒僻之地，地势低洼，生产不发达，那位长沙王，不仅不是汉室亲属，而且不思长进。当他的太傅，实在是权贵们对贾谊的排挤。

　　在来长沙的路上，贾谊就有感而发，写了《吊屈原赋》。他觉得自己跟当年的屈原一样生在混浊的时代，受无才的小人欺负，好比一条大鱼，落进了小水沟，受到蝼蚁的欺负。每到晚上，贾谊坐在桌几前，总要听到猫头鹰咕咕的叫声，这种预示不祥的"鹏鸟"，是在向自己报凶讯吗？难道自己再也无法伸展宏图，竟要老死在这地方？但是，贾谊并没有彻底失望，他写了篇《鹏鸟赋》，篇末写道：灾和福，凶和吉，愁和喜，本是相辅相生的，人的生死祸福，只是小事，何必总去斤斤计较！

　　于是，他开始振作起来，为了做到"前事不忘，后事之师"，他写了《过秦论》，分析秦朝兴衰盛亡的经过和原因。文章入情入理，文采出众，看过的人无不称赞。

　　贾谊的努力总算没有白费，汉文帝想起了这位年轻而又有才华的臣下。三年之中，那些竭力反对贾谊的老臣们，都一个个谢世，汉文帝不必再顾及他们的反对，便下旨召贾谊进京应对国策。

听到这个消息，贾谊兴奋万分。他匆匆交待了长沙的事宜，便夜以继日，往长安进发。一路上，那些来时勾起他无限惆怅的往事，仿佛都换了模样，他只嫌船和马车太慢，恨不得一步来到长安。这些日子，他已经积聚了好多好多建议，要在皇上面前一吐为快。

进了长安，贾谊立即接到旨意，要他连夜去长信宫，皇上正在那儿等他。这是多么令人激动的消息！贾谊真为汉文帝求贤若渴的态度感动了，他不顾旅途劳顿，立刻起身去长信宫觐见汉文帝。

宫廷里灯火通明，汉文帝的案头，一盏铜铸宫女捧着的灯明晃晃的。贾谊行过大礼，汉文帝就叫周围的人统统退下，让贾谊坐到案前，看样子，要有重大的事跟贾谊详谈。

不料国家大事尚未提及，在一般的寒暄之后，汉文帝突然往贾谊身边凑了凑，开口问："你说，这鬼神究竟有，还是没有？"贾谊顿时好像被一盆凉水劈头浇下，身子凉了半截，难道千里迢迢把自己从长沙叫来，要垂询的就是这个问题吗？一阵风刮来，满殿的灯跳了跳，贾谊只觉得这夜好黑好黑，他一下子怔了，简直不知道回答什么才好。

那一夜，君臣还谈了许多其他的事，汉文帝也不只是关心鬼神，贾谊也不只是感到不快。临走，汉文帝要贾谊把自己的看法，写份奏折送进宫，让他参读。

写什么？写鬼神有无？不。贾谊写了《治安策》，提醒汉文帝注意尾大不掉，要削弱各藩王的势力。可是他的正确意见没受到重视，汉文帝虽然没有留他在朝廷，却让他到河南，做梁怀王的太傅。梁怀王是文帝最喜欢的小儿子，河南离长安近多了，贾谊心中当然还存着希望。

当梁怀王坠马摔死，贾谊也英年早逝，皇位上换了个景帝时，吴楚七个藩王作乱，景帝好不容易才平息内乱。血的教训，让人们再次回忆起贾谊的先见之明，历史也证明了他的预见是多么准确。

·渴望自由的曹植·

　　曹植是曹氏父子三人中最出色的诗人。他公元192年生于谯县(今安徽亳州)，年少时才华出众，深得父亲宠爱。但他不是个好的政治家，一直受到哥哥曹丕的排挤，最后在争夺王位的斗争中败下阵来。他被看管在鄄城，郁郁寡欢，死于公元232年。他的诗和赋，有《赠白马王彪》、《白马篇》和《洛神赋》等，充满着悲壮之情。

　　横行北方的汉丞相、魏王曹操在公元220年旧病复发死去后，他的大儿子曹丕当了魏王。曹操有很多儿子，照例，他们都得去祝贺自己的大哥。在这些人中间，最提心吊胆的便是曹植。他知道这位大哥对自己最为嫉恨，说不定见面之后，便会借题发挥，给自己一个下马威。但是，他是不能不去祝贺的，否则会授人以柄，结果将会更悲惨。

　　果然，没有了父亲的约束，现在又大权在握，曹丕跟曹植一见面，就当着众兄弟和大臣的面，给了曹植一个难堪。

　　曹丕说，以前父王相信外边流传的那些诗都是你写的，可我一直不信。他逼着曹植当场写一首诗，而且要在七步之内写出来，既要写出兄弟之情，又不许有兄弟二字。写不出来，就要处死。

　　这是存心刁难人呀。在场的人都为曹植捏了把汗。这时，曹植迈开脚步走起来，一步，两步，三步，不到七步，他的诗就写成了，流传下来的有四句："煮豆燃豆萁，豆在釜中泣。本是同根生，相煎何太急！"

　　在场的人听了，更为曹植担心，这不是明明借豆和豆萁，讽喻曹丕对"同根生"的兄弟逼迫得太厉害了吗？万一曹丕发起怒来，曹植可要吃不了兜着走。也许是曹丕真的被这个比喻打动了，也许是曹植真的表现出惊人的才华，曹丕无法借口治他的罪，曹丕这一次倒没有再说什么。事后也只是把曹植的封地夺了，把他赶到一个叫鄄的穷乡僻壤，看管起来。

从此以后，曹植就只得在鄄地闲居，他空有才华，却不得伸展，内心的苦闷只有借诗赋抒发。他写下了《白马篇》，表示自己"捐躯赴国难，视死忽如归"的豪情。他写《洛神赋》，借天上神宫，构想美好的世界。

每一年，曹氏兄弟有一次会面机会，朝见已经当上皇帝的曹丕，叫做"会节气"。只有这个时候，曹植的心头才有一点温暖。可是，曹丕为了避免曹植跟兄弟交谈，老是安排他单独与自己会面。

有一次，在回封邑的路上，曹植正跟白马王曹彪同行，他们的封地相去不远，正好结伴。但是，刚出京城，曹丕派来的监国使者就上前干涉：朝廷规定，二王不能同行同往，请二王各走各的，免得皇上怪罪，我们吃不住。

白马王曹彪气得脸孔煞白，不发一言，扬鞭拍马便走了。留下曹植望着渐去渐远的兄弟，心里感到无比悲凉。

曹植正要赶路，忽见林中一张大网，正网着几只黄鸟，那些鸟在网中左冲右突，无法脱身。他悲悯之余，拔出佩剑，赶上前去，挥剑斩破罗网，几只失去自由的黄鸟，一飞冲天，霎时不见了影踪。

什么时候才会有位侠士，也来斩去曹植身上无形的罗网，让他也能"飞飞摩苍天"呢？可惜，他这只网在大哥曹丕手中的"黄鸟"，是无论如何没有飞抵长天、自由飞逐的机会了。

·不为五斗米折腰的陶渊明·

陶渊明是东晋时著名的诗人，大约在公元365年出生在浔阳(今江西九江)。他的先祖虽然在朝中当过大官，他却对官场没有丝毫兴趣。40岁之前，陶渊明也曾当过几任小官，以后就弃官归田，纵情讴歌田园风光，安适闲居。他的诗作朴实自然，开创了中国田园诗的先河，《桃花源记》更为人们描绘了一个天堂般的美好世界，受到后代人们的传颂。

快40岁的时候，陶渊明最后一次离家为官，这一次，他要到彭泽去当县令。自从上次辞官回家，他已经习惯于农村闲适的生活，现在又要去当官，呆板的公文，繁忙的公务，迎来送往的俗套，他已经十分生疏了，不知道还能不能再适应。

陶渊明不情愿地干到了年底。年关到了，地方官的各种麻烦事便会接连不断，种种官方的事总要有个了结，那是地方官的职责，倒也罢了，而年关前各项迎来送往的礼节性事项，实在叫陶渊明头疼。

有一天，衙役来报，九江太守派督邮张大人到本县巡察来了，按照官场规矩，陶渊明应该出城迎接这位上司派来的官员，因为这督邮恰似灶王爷，万一怠慢了他，轻则要被上司训斥，重则连官帽都保不牢。任何地方官，对这种官大一级的家伙，都不敢轻慢。

可是，陶渊明却不想随大流，因为他知道，来的这位督邮是彭泽县里最大的富翁的儿子，是个浪荡公子，本来不学无术，全靠家里多一点钱，便巴结上太守，当上这份永远只会朝南坐的职务。这一次来巡察，实在是衣锦还乡，那派头一定摆得十足。想到这里，陶渊明的心里就感到不舒服。

没有办法，还得去迎接这位张大人。陶渊明吩咐了一句，拔脚便要往外走。衙役急忙在身后喊："大人，这样不行，得换了官服到城外参见，不然张大人会怪罪，说您不按官场规矩行事。"

怎么？还要穿上官服？陶渊明积压已久的不满，一下子爆发出来。他第一次当官，是29岁，上司王大人，只想炼丹服药，长生不老，还连带着信佛，陶渊明不屑与之为伍，不久就辞官回家了。以后几次外出做官，遇到的都是这种官员。现在，竟然碰上了这位无赖，此时不走，更待何时？他一拍桌子，生气地说："我不能为五斗米低头弯腰，向这种乡里小儿屈膝。"

衙役吓坏了："别，别，大人！这样做会砸了小人的饭碗，小的可不想回乡下种田。"陶渊明忽然笑起来："你不想回家种田？我倒想。我这就辞职回老家种田去，反正我不想当什么县令了，你就这么对督邮说吧。"

说完，陶渊明掏出官印，扔在桌案上，回到官衙，匆匆整理一下行装，就往家乡柴桑进发，一心只想在年底能跟妻儿团聚。从今往后，就再也不出来当官了。

该回家了，家里的田地快要荒芜了，为什么不回去？趁自己迷失在官场，走得还不算远，现在才觉得过去确实是做错了，今天这么做才算正确。陶渊明只觉得自己像一只倦于世俗的飞鸟，如今将飞回森林；又像一条鱼儿，将要去深深的池渊中自由地遨游。他于是写了一篇《归去来辞》，还一口气写了十几首诗，记录自己面对人生转折的无限感慨。

· 刘勰 "卖书" ·

　　汉代刘姓的皇族，到刘备时就要卖草鞋了。到了南北朝时候，南逃的刘族宗亲，有的就更加落魄。建康城(今江苏南京)就有这么一家，从莒县南逃至此，开始还有人当个小小的军官，大约在公元465年出生的刘勰，连这种运气都没有，他很早就成了孤儿，幸亏定林寺高僧收留了他，刘勰就在寺庙里成长，博学众家之后，写出了中国历史上著名的文学理论专著《文心雕龙》。成名之后，到宦海打了个滚，终因得不到重用，毅然出家为僧，圆寂于公元520年(一说公元521年)。

　　到公元503年左右，刘勰在定林寺已经生活了十六七个年头，住持僧佑法师一直支持着他。前十年，刘勰读遍了寺中藏书，后六七年，他便瞄准了文论这个目标，努力创新，写出了三万七千余字的专著，合集为《文心雕龙》。

　　文学理论，在当时是一桩开创性的学问，以前只有曹丕、陆机等人，零零碎碎地涉及到一点，而且他们虽各有所长，却也都有缺陷和太不完整。刘勰正是在阅读了那些文章后，萌发了写《文心雕龙》的打算的。

　　况且，齐梁时代，浮靡的文风盛行，虚妄、空洞、无病呻吟的文章充斥文坛，文学家们完全抛弃了纯朴、简明的文学传统。刘勰大不以为然，决心从根本上作一次清理，提倡率直和实用的文风，这便成为《文心雕龙》一书的主旨。他这种舍我其谁的勇敢精神，在当时确实是难能可贵的。

　　《文心雕龙》写好了，刘勰便想把它推荐给世人，但这件事比创作更困难。当时社会实行举荐制度，而举荐的权力，又大多落在贵族豪门之手。他们只搞近亲繁殖，像刘勰这种寺庙里长大的读书人根本被排斥在文坛之外。豪族的大门永远朝他紧闭着，他又怎么能有被举荐的机会？刘勰只能寻找非常规的办法，把自己推荐出去。

大约是公元504年，住在建康的南朝文坛领袖、吏部尚书兼右仆射的沈约从朝中回府。像他这样的大官，一路上前呼后拥，一般人无法靠近。这一次他回到府门前，却见一群人挡住了去路，人群里有人在大声叫卖，说是有一部珍本出让，但价钱却高得吓人。

沈约一向嗜书如命，当然不肯错过购得珍本的机会，便立刻差人把书商唤来，问他卖的究竟是何书。来到他跟前的却不像是商人，而是三十来岁的一位读书人。

那人手捧书稿，朗声向沈约说道："学生不是书贩，只因偶有所得，写了一本《文心雕龙》，无法呈给大人，才出此下策，请大人拨冗过目。"

原来如此，沈约心里一沉。但听得书名，倒也独辟蹊径，便把那人呈上的文稿打开。

翻过一段，沈约立刻被书中的文章吸引住了，这部书居然对梁以前出现的所有文体的概念、来龙去脉都作了详尽的说明，还论述了这些文体的写作要领、代表作品及其得失。对目前文坛的状况作了批评，提出了发展文学的几个关键问题。沈约觉得这实在是难得一见的佳作。

沈约不愧是一代宗师，他立即发现刘勰是一个人才，便把他带进府中，要跟他讨论这部《文心雕龙》。几天之后，沈约又在同道中间大加推介，还要推荐刘勰入朝为官，《文心雕龙》很快在南朝广为传播，以后更成了传世的佳作。

·"徒有此心报不得"的李白·

李白，字太白，是中国历史上最伟大的诗人之一，他的先祖曾在碎叶城经商，现在，一般的看法是，他于公元701年生于四川绵州(也有人认为他就生于碎叶，即今吉尔吉斯斯坦境内)。李白少时诗名极盛，被称为仙家下凡。但他力图报国的愿望却屡屡遭挫，安史之乱间更险些被处死。年迈后，寄居叔父李阳冰处，公元762年病亡。他的诗想像力丰富，热情奔放，感染力极强，因此李白被称为"诗仙"。

公元755年冬，唐朝发生了安史之乱。安禄山的叛军占领洛阳之后，又西进长安。潼关失守，唐军抵挡不住，唐玄宗只得扔下京城，从剑阁逃往四川。叛军一路烧杀，中原百姓只得四处逃难。李白这时在江淮一带，看到一派荒凉凄惨的景象，一股报国之志油然而生，他作诗明志，愿意斩杀恶鲸，澄清洛阳之水。

正巧，在江淮一带的永王李璘，奉唐玄宗各地举兵勤王的命令，率领大军东下，保卫长江一线，经过浔阳(今江西九江)时，听说李白正隐居在庐山，便派人三次入山请李白出山。李白觉得困难之际，正是自己报国之时，便欣然出山，到李璘帐中，当了一名谋士。

李璘设宴为李白接风，席间，李白激动地表示："40年来，我一直没有机会报效国家，现在，是我实现平生抱负的时候了。"并当场写下十几首诗，总的名字叫做《永王东巡歌》，用来鼓舞唐军士气。李璘得到江淮民众的支持，保卫长江一线，勤王军日益扩大，搞得有声有色，渐渐成长为一支强大的反安禄山的力量。看到这状况，李白当然心里充满着激动，为自己终于能为国家出力而高兴。

唐玄宗进川之时，一方面下了勤王令，一方面又把皇位传给了太子李亨。李亨登基后号称肃宗，在西北一带坚持了一个阶段，从困难中挣扎出来，在大将郭子仪等人的支持下，力量也逐渐加强。

当李亨摆脱困难后，他环顾国内，发现天下多了几支能够与自己抗衡的力量，其中永王李璘的力量最强，李亨只怕他今后要与自己争夺皇位，便从西北下了一道命令，要李璘带着自己的部队入川，保护太上皇。李璘以为应该留在江淮抗击叛军，不肯入川。于是，兄弟俩闹翻了，唐肃宗就调动军队，前来江淮，攻打不听调动的李璘部队。

李白看到轰轰烈烈的平叛，变成了兄弟相争，急急忙忙逃出了是非之地。但是，当李璘战死之后，唐肃宗下令追查从逆之人，凡是在永王军中做事的人，统统被定为谋反，抓起来定罪。李白名气是那么响，又有《永王东巡歌》为证，哪能逃脱查处，于是，李白先被关进监狱，后来又被定成死罪，只等秋后开刀问斩。

听到这个消息，李白的友人个个心急如焚，可谁也不敢在这个时候、这种情况下去给李白说情，只怕得罪了肃宗，弄不好要把自己连累进去。

只有李亨手下的大将郭子仪敢去冒这个险。过去，李白曾在长安从法场上把郭子仪救出来，是他的救命恩人，这一次，情势危急，郭子仪当然义不容辞，一定要报答李白救命之恩。

郭子仪觐见肃宗，说李白并不是有心叛逆只不过是受人欺骗，希望肃宗能留下这个人才，今后或许对国家有用。这时候，肃宗正用得着郭子仪，心里虽不愿意，也不能不给郭子仪面子。于是便把死罪改成了流放，把李白流放到边远险恶的夜郎国去。

李白开始了漫漫的流放路程，他本来有心报国，却错投门庭，卷进了残酷的权力斗争之中。一位诗人，本不愿摧眉折腰侍奉权贵，傲骨铮铮却无法适应政坛的诡谲风云，只能落得如此不幸的结局。

好在流放之途尚未走完，就传来皇帝大赦令，他可以不去夜郎国了，可此时李白却已两鬓斑白，全然失去了再入政坛的可能。李白就这样，寄情诗海，直至在当涂(今属安徽)了却余生。

·"三吏""三别"显真情·

与李白在历史上齐名的是杜甫,李白称"诗仙",杜甫称"诗圣"。杜甫于公元712年生于河南巩义,一生历尽磨难,经历了唐朝由盛变衰的过程,又颠沛于安史之乱的艰难岁月中,他的诗更多地揭露了社会的不公、人民的苦难。听说唐军收复了蓟州(今天津蓟县),他举家北迁,却不幸在公元770年病逝于途中。

虽说杜甫在安史之乱前,早已看到唐室的衰败之相,他从"开元天宝日"的表面繁荣之中,揭露了"朱门酒肉臭,路有冻死骨"的社会黑暗。但他万万没想到,渔阳一声鼙鼓,居然会将唐朝这座大厦,摧折得如此之快,国之将倾,每一位有志之士,不得不踏上报国之途,何况是一向以"致君尧舜上,再使风俗淳"为目标的杜甫呢,他好歹也是朝廷一员,在这种时刻,一定要替国家排忧解难才对。

他听说,太子李亨已受命在灵武(今属宁夏)登基,现在凤翔,便出发到凤翔去为国效力。一路上,他被叛军抓进长安,又从长安脱逃。到凤翔的时候,已是衣衫破烂,面容憔悴。只因当时敢去投奔唐肃宗的人不多,他才被委任为左拾遗,留在新朝廷里给皇帝提提意见。可惜杜甫太过耿直,看到不符合心意的事就要发表意见,后来肃宗也厌烦他了,就把他降到华州去,当个司功参军,管理那里的文化教育。

其实,当时唐朝廷虽说借助外族的力量,击溃了安禄山的叛军主力,收复了一部分失地,但是在潼关等地的局部战争中,还是老吃败仗。在刚刚收复的华州等地,两方军队还处在拉锯状态。要杜甫去当司功参军,其实不可能有具体的事情可做,杜甫却还是领命上任了。

有一次,杜甫从洛阳回华州,到了新安,看到唐军在县城里乱抓壮丁，抓的壮丁有些还未成年。一问，官吏们说，县里的壮丁早抓光了，上司还要人，只得抓这些人凑数，反正他们长得也还算高大，别人也不会怀疑。说得杜甫直摇头。

当晚他住在石壕村一对老夫妇家，半夜里，当地的官吏进村抓人。老头吓得翻墙逃走了，官吏们却抓了老妇人去。到了第二天，躲了一晚的老人回家，杜甫才知道他家三个儿子都被抓去做壮丁，还要他家出丁。

这样的事，杜甫走了一路，瞧了一路。有新婚的夫妻，新郎被抓走的；有白发苍苍的老人跟老伴分离的；还有无法再待在军中的老汉，回家后只见破败的草屋，不见一位亲人的凄惨景象。这一切，都深深打动了杜甫，他对那些受害的人深表同情，但也无法改变现状，还得安慰他们，天下太平了，才会有好日子过。

到了华州，他就把途中所见所闻，写成诗歌。那就是著名的三吏：《新安吏》、《潼关吏》、《石壕吏》，三别：《新婚别》、《垂老别》、《无家别》，给后世留下一幅安史之乱期间社会动乱、人民苦难的生动感人场景。"三吏"、"三别"因为真实地反映了社会面貌，成为文学史上现实主义的杰作。

杜甫失望得很，而且确实无事可做，便放弃了司功参军的官职，回到亲人居住的羌村。当初从这里出发的时候，他是多么慷慨激昂，回来的时候，却是那么失意惆怅。

受够了战乱之苦的杜甫，只想找一块比较安定的地方存身。听说四川还比较稳定，杜甫便带着妻儿，踏上了入川的路途。经过一番颠沛流离，终于在成都的草堂中安下身来。从此杜甫的生活与创作，又进入了一个新的时期。

·韩愈舍身谏佛骨·

韩愈是唐代中叶的大文豪。他公元768年出生在河阳(今河南孟州),按姓氏,他的祖先应在河北昌黎,所以有人也叫他韩昌黎。他曾在朝廷和地方任职,多次遭贬。他提倡"古文运动",开创一代文风,对后世影响深远。他的散文在"唐宋八大家"里名列第一,诗也别具一格。公元824年病逝,享年56岁。

佛教传入中国之后,渐渐被各代统治者看中,上行下效,佛教便在中土大行起来。唐代的武则天信佛,各地普建庙宇,寺中僧侣倚仗皇室势力,霸田占地,鱼肉乡民,给社会造成无穷灾难。

长安附近有座法门寺,寺里藏有一节指骨,据说是佛祖释迦牟尼的遗骨,通常称之为佛骨。这一年,当朝皇帝宪宗为了祈求长寿,派人把佛骨迎进了皇宫,供奉了三天,又下令长安各大寺庙轮流供奉。这么一来,上自王宫贵族,下到平民百姓,都争先恐后,抢着迎拜佛骨。寺庙住持便乘机敲诈勒索,要来人向寺庙捐献财物。为了拜佛骨,不少人被弄得倾家荡产。

唐宪宗本就是个追逐声色的皇帝,他大造宫室,广选宫女,就给百姓带来了无穷无尽的灾难。现在又搞这种花样,老百姓的日子就更加不好过了。

韩愈看到这些,心中又急又气,立刻向唐宪宗写了一份奏章《论佛骨表》。古代人臣,遇上要触犯龙颜,提出谏表时,为了打动皇帝,常常把话说得偏激一点。韩愈是位大文学家,当然深得其中的道理,于是他的奏章也就难免有些针锋相对。

他说,古时没有佛教的时候,许多帝王都能长命百岁,自从汉代明帝时佛教大规模传入中国，凡是信佛的都不能延年益寿，而且国家接连出现动乱。靠迎佛骨祈求长寿，这是完全荒谬之事。

韩愈本以为激烈的言辞一定会打动皇帝，不再搞那些劳民伤财的事。没想到，唐宪宗看完奏章，立刻勃然大怒：好大胆的韩愈，竟敢这样诋毁圣上！马上下令处斩韩愈。

宰相裴度与韩愈交情不错，连忙替他求情，唐宪宗怒气未消，认为韩愈说敬佛的皇帝都早死，明明是在诅咒自己不得好死，怎么能宽恕他呢？但是，许多大臣都跟着来求情，说韩愈虽然出言不逊，但他也是出于好心，一旦杀了他，今后谁也不敢再直言进谏了。唐宪宗拗不过大臣们，便免了韩愈死罪，但还是把他贬到穷乡僻壤的广东潮州去当刺史，还限期叫他上任，不准他在长安多留一天。

韩愈心情沉重，匆匆离开了京城，自己一片忠心，却落得如此下场。此一去，不知什么时候才能回来。

来到蓝关，只见雪拥前道，马行迟缓，背后追来一人一骑，是他的侄儿韩湘赶来送别了，一家人只有他一个赶上前来，请求跟韩愈做伴。韩愈感慨万千，作诗一首，留作纪念："一封朝奏九重天，夕贬潮州路八千。欲为圣明除弊事，肯将衰朽惜残年。云横秦岭家何在，雪拥蓝关马不前。知汝远来应有意，好收吾骨瘴江边。"这首诗平白如话，耐人回味。

在潮州，韩愈一如既往，留心替百姓办事，治理水害，清除为害百姓的鳄鱼，是当地的一任好官。直到唐宪宗死了，唐穆宗即位，韩愈才得被调回长安，在朝廷任职。

·白居易与《琵琶行》·

　　白居易是唐朝中叶最伟大的诗人之一，他公元772年生于下邽(今陕西渭南)。16岁，他进长安，因为"野火烧不尽，春风吹又生"的名句，备受诗坛前辈赏识。但在政坛上，他却一直坎坷跌宕，几受挫折。他的诗内容充实，通俗易懂。既有像《长恨歌》、《琵琶行》这般感人的长诗，也有《卖炭翁》这样揭露中唐社会丑恶一面的"新乐府"体，他流传至今的诗文，在唐代居首位。公元846年，74岁的白居易因病去世。

　　白居易入朝为官，起初当的是谏官。后来因为他上谏太多，招来权贵们的不满，便被调到东宫太子处去了。那里的官员只是听从太子调遣，连出来议论朝政的资格也没有，也算是对白居易"多嘴"的一种惩罚吧。

　　公元815年，长安出了件大事。身为宰相的武元衡被人暗杀了。但是朝廷上下，官员们都像是铁嘴茶壶，有了嘴都是摆设，谁也不敢多嘴。中唐时候，藩镇林立，朝廷尾大不掉，在那些地方收不上税，派不下官员，连军队也打不过。朝中也不乏要削藩的有识之士，谁敢提出这种主张，藩镇们便买通权臣，贬官治罪，甚至派刺客暗害，武元衡便是一个例子。

　　白居易忍不住了，他站出来上书皇帝，要求追捕凶手，查清背景，按法治罪。这一下可是摸了老虎屁股，与藩镇勾结的朝臣，先是指摘白居易，说他已经不是谏官，上书皇帝是越级议事；后来又罗织文字狱，说他母亲是看花时失足落进井里淹死的，而他却还写什么《赏花》诗、《新井》诗，实属大不孝，简直罪该万死。自居易便被贬官，到江州去当个司马，实际上是交付地方官看管起来。

白居易说的是真话、正确的意见，却无辜被贬，只能带着一家，坐船去江州赴任。他心中十分抑郁，但人微言轻，无法改变现状，只能借诗歌一吐胸中块垒。

来到一处码头，停夜之时，白居易听到邻船上传来一阵阵哀怨的歌声，那歌声一会儿嘹亮，一会儿婉转低沉，中间还夹着低低的抽泣声。走上甲板观看，却见邻船上有位绝色女子，倚着桅杆，仰望空中一轮明月，唱着催人落泪的歌。在她苍白的脸上，眼泪成对成双，纷纷坠落。大家问那女子，家住何方，为何一个人在此哀伤，那女子始终低着脑袋，别人问一句，她的眼泪便打湿一次衣襟，自始至终没有回答一句话。

直到在江州过了两年，白居易始终忘不了那唱歌的妇人，每到月圆之夜，眼前总出现当初船上的那一场景，心中无限的感慨便会油然而生。想到自己被迫流放到低湿的江州，水土不服，疾病丛生，所受冤屈有口难辩，跟那位歌女又何其相似。

白居易不但是位大诗人，还是个音乐圣手，尤其对琵琶有很深的造诣。在路遇哀怨歌女一事的启发下，他提笔写下不朽的长篇七言诗《琵琶行》。诗中有月夜送别的秋景，琵琶女"大珠小珠落玉盘"般高超的技艺；有京城歌女的悲凉身世，更有"同是天涯沦落人，相逢何必曾相识"的感喟。写到最后，这位"谪居卧病浔阳城"的江州司马，忍不住像歌女一般，纷然洒落的泪水，打湿了衣襟。

经过这一场宦海风波，白居易对做官已经心灰意冷。他以后回洛阳，做一些只挂名不必办事的虚官，再也不想参与官场纷争了。倒是在担任地方官的任上，才能踏踏实实替百姓做点好事。除此以外，他只是尽心整理自己的诗文，给后代留下丰富的文学遗产。

·刘禹锡与柳宗元·

公元772年，刘禹锡出生在河南洛阳，过了一年，柳宗元也在河东(今山西永济)出生。照例说，两人虽为诗人，但相去甚远，不可能有很深的关系。是王叔文执行新政，把这两位本无缘相近的几乎同龄的人拉到了一起，演出了一对异姓兄弟般的动人故事。

作为文学家，柳宗元诗文俱佳，又跟韩愈一同开创一代文风；刘禹锡在学习民歌、创立清新诗风方面尚可与柳宗元不相伯仲。但他坚持自己的政治主张，表现了他开阔的胸怀、豪气冲天的独特性格。刘禹锡与柳宗元，实在是中唐时期文坛的一对奇人。

公元805年，唐顺宗登上帝位，任用太子时代的老师王叔文为相，实行"永贞新政"。在王叔文身边团结了一群非贵族出身、年轻有为的官员，共同改革政治。可惜好景不长，唐顺宗登基不久便重病缠身，达官贵人与宦官勾结起来，捧出太子唐宪宗，"永贞新政"终告失败，王叔文被杀，他手下8个年轻官员被贬为司马，其中就有柳宗元与刘禹锡。

永贞八司马此一出京，或寄情山水，或写述著作，或坚守本心，这一去便是9年。柳宗元在永州写了《永州八记》，在文坛上声名鹊起；刘禹锡却不改初衷，写了不少讽刺当时权贵的诗作。

满头皆白的刘禹锡回到了长安，他遍访亲友，熟悉朝廷，发觉当年迫害他们的权贵虽然死的死，退的退，当朝宰相也换了比较通情达理的裴度，但是，朝中又添了一批炙手可热的新贵，他们招摇过市，耀武扬威，气焰比前人更盛，心里不免十分厌恶。

春天到了，长安的玄都观桃花盛开，游人如云，刘禹锡见到此情

19

此景，不由感慨万分，随手就写了一首诗："紫陌红尘拂面来，无人不道看花回。玄都观里桃千树，尽是刘郎去后栽。"当然，刘禹锡是借树喻人，讽刺那些新贵都是靠巴结权贵飞黄腾达的。

这一回，不论旧贵新贵都气炸了肚皮，说刘禹锡写诗讥讽朝廷，怨恨皇上，实属胆大妄为，不能再留在长安。唐宪宗一声令下，立即把刚刚调上来的永贞八司马统统赶出京城，到险恶边州去当太守。

新的任命宣布了，柳宗元被贬柳州，刘禹锡是罪魁祸首，贬得更远，要到夜郎地方的播州去。柳宗元想，自己老母已死，只身一人；而刘禹锡尚有80岁老母在堂。此一去不带老母，便是永别；带上老母，长途跋涉，翻山越岭不说，那播州十分荒凉，老年人如何经受得起？便去找裴度要求，自己去播州，让刘禹锡到比较近的柳州去当太守。

裴度听后，深为柳宗元替朋友排忧解难的精神感动，答应以孝道为先的理由，替他跟皇上申述。不久，吏部发表任命，柳宗元依旧去柳州，而刘禹锡改贬连州太守。一对情同手足的异姓兄弟才稍稍放下心来，结伴同行到衡阳，才挥泪而别。

过了4年，刘禹锡北上路过衡阳，突然传来噩耗，柳宗元已于公元819年在任上病逝，临终之时，写信托刘禹锡照顾年幼的儿子，还托人把自己一生的诗文带给他，请他代为整理。刘禹锡痛哭嚎啕，亲赴柳州，接出孤儿周六，放在身边，抚养他成人，又整理柳宗元的文稿，编成《河东先生集》。

又过了9年，刘禹锡在连州待了13年后，才得以再次回到长安。他又去了玄都观，只见昔日繁华之地，已是破败不堪，似火的桃花已不复存在，只有菜花、燕麦在春风里摇曳。物尽人空，他感慨万千，便写下一首诗："百亩庭中半是苔，桃花尽净菜花开。种桃道士归何处，前度刘郎今又来。"因为这首诗，刘禹锡又被贬出长安，去洛阳担任一个闲职。但是，直到公元842年刘禹锡去世，他都没有改变自己的政见，充满着对自己政敌的无比蔑视。

·东坡高唱"大江东去"·

　　四川眉州有一个姓苏的人家，出了父子三位文学家，他们是父亲苏洵、兄弟苏轼和苏辙，最出名的，要数1037年出生的东坡居士苏轼。苏轼自嘉祐年间与父亲、弟弟一同中了进士以后，一直在地方上为官，一生中两次遭贬，命运坎坷多舛，但在文学上却取得了非凡的成就，他的诗词、文赋以及书法，都堪称北宋一流。1101年，他从海南被贬处返回大陆，移居江苏常州，不久在那里去世。

　　苏轼所处时代，正是王安石变法的时候。他跟王安石、司马光这两位对立的政坛领袖，私交都不错。但苏轼是一位看到问题无法藏在心中的人，王安石当政时，变法中难免会出些差错，苏轼见了，便要在诗文中直率地表述出来，这便招来了无穷的灾祸。在曾经追随王安石推行改革的人看来，不是东风压倒西风，便是西风压倒东风，其间必无妥协的余地。于是苏轼成了他们攻击的对象。苏轼在1079年当湖州太守时，遭到了生平第一次贬斥。

　　苏轼在到达湖州后，上表称"知其愚不识时，难以追陪新进；察其老不生事，或能收养小民"。自谦而略有怨情，但御史们却抓住其中"新进"、"生事"之类的话，说他"愚弄朝廷，妄自尊大"，又挑出他写的一些诗，无限上纲，称苏轼攻击皇帝，包藏祸心，一下子把他从湖州抓回了汴京，关进大狱，这就是北宋有名的冤案之一"乌台诗案"。

　　经过多方说情，连退居江宁的王安石、神宗皇帝的祖母也出了面，苏轼才不致被处死，而被贬为黄州团练副使，看管在湖北黄冈。一场政治风波，一段软禁生活，于是造就了苏轼一生之中创作的一个高潮时期。

苏轼在黄州，实际上是地方官看守的政治犯，没有多少自由。有次他喝醉了酒，写了句"小舟从此去，沧海度余生"。吓得地方官一早便去造访，怕他真的走了。他却宿醉未醒，鼾声如雷，瘫在床上。因此，即使是寄情山水，苏轼也只能就地取材，写写黄州的山，黄州的水。好在黄州面临长江，又有矗立江边的赤碛矶，尚可入诗。

当地人没几个读过陈寿《三国志》的，误以为赤碛矶便是当初周瑜大败曹兵的赤壁，因此当地还有许多"三国遗迹"。苏轼便将错就错，大写特写"人道是"的"三国周郎赤壁"。这就有了豪放派词作"大江东去"和优美抒情的散文诗《前赤壁赋》和《后赤壁赋》。

在《念奴娇·赤壁怀古》中，苏轼面对似刀削斧砍的陡壁，观赏着浪花飞溅的汹涌江涛，自然而然想起年轻有为的历史人物周瑜，神往于大败曹兵的盖世业绩，再想起自己年近半百，两鬓斑白，难以报效国家，心底的伤感油然而生。在这里，他深刻地感受到自然的伟大。他是个满怀豪情的人，觉得人生虽短暂，即使壮志难酬，也要寄情山水，豁达豪放才对。

后来，司马光当了宰相，他想把王安石变法的所有措施都改变过来。这时候，苏轼却开始劝司马光，说有些新法并不错，受到百姓欢迎，况且已经施行了十几年，比如免税法，就不要废除，否则会引起社会混乱。

当初王安石实行新法，苏轼有意见，认为其中有弊病，结果招来王安石手下之人的报复。现在司马光废除新法，苏轼又为一些新法措施辩护，当然又要招来司马光的不满。权贵们乘机在皇帝那儿打"小报告"，苏轼再一次被贬，接二连三的圣旨把他一直赶到了海南岛。这也是心胸坦荡、心直口快的苏轼必然的结局吧。

·爱国诗人陆游·

陆游1125年生于北宋末年，他出生才一年多，北宋就被金国灭亡了，举家南迁，回到了故乡山阴(今浙江绍兴)。陆游长大以后，在南宋朝廷中，陆续当过一些官，也曾在军中服役，直接参加过抗金斗争。但是，南宋小朝廷一直由投降派把持着，他无法实现自己的理想，到后来，他被贬逐回乡，直到1210年去世，还念念不忘收复中原。陆游一生写了大量的诗词和文章，现存的诗作就有9000多首，是我国古代最多产的文学家。

1206年，韩侂胄担任宋宁宗的宰相。这个人好大喜功，希望干一点大事，巩固自己的地位。宋宁宗年轻幼稚，也被韩侂胄撺掇得心头痒痒的，决定出兵北伐，收复中原，建立几位先皇没有实现的事业。

韩侂胄自知资历太浅，即使竖起北伐大旗，也不会有多少人响应。他想找一两个众望所归的抗金名将，替自己撑撑门面。环顾南方，他发现还有两位老人堪可利用，那便是闲居在江西铅山的辛弃疾和在山阴的陆游，便请皇帝急发诏书，请这两位老臣前来临安(今浙江杭州)，共同主持北伐大业。

开始的时候，无论是陆游，还是辛弃疾，听到这个消息，内心都非常激动。陆游已年过八十，辛弃疾也已六十好几了，能在迟暮之年，再为收复中原出把力，哪一个会不愿意呢。他们很快地赶回了临安，各自被安排职务，满腔热情地干起来。

辛弃疾当的是浙东安抚使、镇江知府。镇江当然是临安和淮河前线之间的枢纽，地理位置十分重要。但是，经验老到的辛弃疾立刻在这个关键位置上发现了韩侂胄内心的真实想法。这位宰相不仅在军事上是外行，而且只想跟金兵打上几仗，捞一个抗金名相的虚名，根本没有做好准备，就急于出兵。他向皇帝上书，皇帝只听韩侂胄的。看到这些辛弃疾敏锐地发觉，这次北伐，恐怕只能像宋文帝一样，搞什么"封狼居胥"野心勃勃的计划，落得"仓皇北顾"的下场。他在发了一通"廉颇老矣"的感叹之后，毅然辞官回了江西。

陆游却还在临安，帮着皇帝和宰相策划大计，起草文书。他离前线太远，无法知道北伐军的真相，当然依旧非常乐观。哪知江淮间两兵刚一接触，没有充分准备的宋兵就大败而退，金兵全面挺进，陈兵长江北岸，逼南宋政府订城下之盟。

事情果然没出辛弃疾所料，韩侂胄的北伐失败，南宋政府再次赔款称臣，还割了韩侂胄的脑袋谢罪，连累了好多人被贬被逐。陆游便是首当其冲，不仅被逐回山阴，还要听那些冷言冷语，说他多管闲事、晚节不忠等，好像什么都该由他承担似的。前后一年左右，陆游便从受人敬仰的老前辈，变成受人唾骂的糊涂虫。

回到山阴，陆游便觉得国运大不如前。他感到，南宋再一次坠入丧权辱国的深渊，从此一蹶不振，光复中原的事业恐怕一时难以实现。两年之中，他悲愤难抑，断断续续生起病来。到了1210年，他自知再也难起，一辈子为之奋斗的事业，只有托付给后人了。

弥留之际，他把子女叫到病榻前，扬了扬手，示意还要用笔砚，写下自己最后一首诗歌。

儿子把他扶起，他在病榻上写下了著名的那一首《示儿》诗：
"死去元知万事空，但悲不见九州同。
王师北定中原日，家祭无忘告乃翁。"

一代文豪，就这样撒手尘寰。带着遗憾，留下希望，陆游写下了人生悲壮的最后一笔。

·叱咤风云的辛弃疾·

辛弃疾，1140年出生在山东历城(今济南)，当时北方广大地区已经沦入金兵统治下13年。他在祖父辛赞抚养下长大。这位爱国老人不仅培养孙儿成为著名的文学家，还始终向辛弃疾灌输爱国思想，鼓励孙子为收复中原出力。当与辛弃疾齐名的党怀英当了金国状元后，辛弃疾却投身耿京领导的农民起义军，并辗转来到南宋，成为著名的词人和抗金名将。在抗金派遭受迫害时，辛弃疾也赋闲在江西铅山，后来虽然又出任过镇江知府，但也因"道不同"，请辞回家，1207年，辛弃疾死于铅山家中。

辛弃疾参加耿京起义军之后，因为文才出众，对北方军事形势熟悉，很快成为起义军中的"掌书记"，参与整个起义军的军事、政治方针的策划。当起义军一个头领义端和尚偷了起义军大印逃跑时，辛弃疾只用了三天时间，便人赃俱获。

这时候，辛弃疾向耿京提出建议，派人去和南宋朝廷取得联系，互相配合，打退金兵。而且，他主动要求带了十几个人，亲往临安，朝见宋高宗。

经过长途跋涉，辛弃疾来到临安，报告了山东起义军的情况，给耿京争取到山东天平军节度使等官衔，便日夜兼程地返回山东。有了南宋朝廷的封赏，耿京就可以名正言顺，号召全山东军民，推翻伪刘政权，配合南宋收复失地了。

来到海州地面，山东那边传来噩耗，耿京的部将张安国和邵进贪图富贵，投降了金人，杀了耿京，起义军大部分已散了，只留张安国的心腹投了金兵。现在，张安国已经成了金国的济州州官。

同去的人听了，一齐大吼起来："无耻的叛贼，我们去把他宰了！"辛弃疾心里何尝不是这样想。但是，他知道，一时的莽撞只会使全军覆没，张安国新近投敌，一定小心谨慎，要捉这贼子，只宜智取，不可硬来。于是与大家商量定了办法，一齐朝济州而去。

几天之后，济州府衙外，来了十几名庄稼人打扮的人，他们都骑着健马，显然不是普通农夫。守兵正欲上前盘点，那十数人中，走出一位文人打扮的年轻人，抱着拳打招呼说："请通报一声，说辛弃疾求见张大人。"

张安国正在府内与金国将领喝酒。现在他身边只有一些亲信，连州府大门也不敢出去。他虽然当了州官，仇敌却多得无数。听说辛弃疾来了，他心头一盘算，辛弃疾只带十几个人，全来了也不必害怕。他怎么会来见我？莫非他们读书人说的什么好鸟儿要找个向阳的枝头站着？假如这辛弃疾真的来投我，那敢情是个好帮手。想到这里，他立刻亲自出门迎接去。

"恭喜老兄荣升。"辛弃疾站在门外拱手道贺，只是不走上前去。张安国赶快上前搀扶，刚走近，突然两三个人冲上前来，用刀顶住他，飞快地把他捆绑起来，扔上马背，冲出城去。四周的兵丁尚未醒悟过来，一群人已经消失得无影无踪。

虎口拔牙之后，辛弃疾立即带着叛徒飞速南奔，途经扬州路，来到建康献俘，并报告山东近况。在那里接受了南宋官职。以后，他逐渐升为江西地区的军事长官，成为一代抗金名将。

直到1204年，辛弃疾又当上了镇江知府，他站在北固山顶，遥望北方，心中激荡不已："四十三年，望中犹记，烽火扬州路。"回到南宋已经40多年了，当年活捉张安国之事还历历在目，可惜自己已经年老，而且得不到重用。"凭谁问，廉颇老矣，尚能饭否？"辛弃疾在《京口北固亭怀古》一词中，明明白白写出了自己对国事的担忧，可惜权臣一意孤行，痛失时机。等到宋皇明白这点，辛弃疾已卧病在床，无法替国家出力了。

·响当当一粒铜豌豆·

关汉卿是元代大都人(今北京),约生于1220年。他本是个医官,因兴趣爱好,这才走上戏剧创作的道路,他的作品有60多种,其中《窦娥冤》、《救风尘》、《望江亭》等作品,反映了现实生活,鞭挞了恶霸、贪官,具有深刻的社会意义。中国真正的戏剧从元代开始,关汉卿在戏剧的发展中起过很大的作用。他大约死于1300年。

元朝是一个民族和阶级压迫非常严酷的时代。当时人分四等,职业分十等。蒙古贵族入主中原之后,任意践踏汉人、南人,贪官污吏层出不穷。有一次,查处贪官,一下子便查出18000余人,冤案5000多件。人们看在眼里,恨在心头,只能用说故事、演杂剧的办法,抒发心中的不满。

那一年,京都流传着一则故事,说东海有个孝妇,含冤负屈而死。她死后,天降灾难,大旱三年。可见人间的悲剧,能感动天地,老天也感到了人世的不公,要对贪官污吏们施加惩处。

这个传说打动了关汉卿,他觉得,这世道真是天怨人怒了,心里有所感,便不得不一吐为快。于是他精心编写了一出杂剧,题目就叫《感天动地窦娥冤》,写的便是当今之事,骂的就是贪官污吏。

那是个感人的大悲剧,穷书生窦天章欠了债,只得把女儿卖给债主蔡婆婆当童养媳。多少年后,婆媳都成了寡妇。有一对无赖父子想霸占蔡婆婆和窦娥,张驴儿本想毒死蔡婆婆,不料阴差阳错却毒死了自己的爹。于是把窦娥告上县衙,县官贪赃枉法,判窦娥"毒死公公"。在法场上,窦娥发下三桩誓愿:自己死后,将血上旗杆、六月飞雪、三年大旱。后来,果然一一应验,可见冤情感动了天地。

剧本写好了，关汉卿找到了杂剧戏班，请京都最有名的女角朱帘秀出场演窦娥，他自己也粉墨登场，演窦天章一角，在当时，这已是大都演艺界的最佳搭档了。

《感天动地窦娥冤》在大都连连演出，轰动了整个京城，人们看着动人的故事，一边为窦娥的不幸感叹，一边对断案的昏官的贪婪表示愤怒。当窦娥在法场唱起"地也，你不分好歹何为地？天也，你错勘贤愚枉做天！""这都是官吏们无心正法，使百姓有口难言"这些振聋发聩的诗句时，台下不由得响起阵阵喝彩，人们都觉得关汉卿替他们说出了心底里的不满。

有人欢喜有人怒。关汉卿的剧本，受到了广大百姓的欢迎，却让那些达官贵人感到不快，他们开始攻击这位剧作者。有的说，关汉卿身为医官，本是个上等的职分人，现在去跟八等倡优混杂在一起，还舞着长袖登台表演，实在是有失身份，甘心堕落，简直无可救药。

有的人更是痛骂关汉卿，说他借题发挥，在台上骂官，骂地，骂天，不仅有失身份，还目无朝廷，有伤风化，罪不容诛，应该判罪。

关汉卿却不去理会那些抨击，他依然专心致志地跟那些演艺人在一起排剧演戏，还写了一首散曲《不伏老》，表示自己的心志。他写道："我是个普天下郎君领袖，盖世界浪子班头。"还说："我是个蒸不烂、煮不熟、捶不扁、炒不爆、响当当的一粒铜豌豆。""你便是落了我牙，歪了我嘴，瘸了我腿，折了我手，天赐于我这般歹症候，尚兀自不肯休！"

果然，关汉卿不久就离开了大都，他要去南方漫游，去传播北方杂剧的艺术。他在扬州与朱帘秀重逢，在杭州授戏。从此以后，南方的戏剧也兴盛起来。

·施耐庵替山大王作传·

施耐庵是元末明初的小说家，祖籍苏州，一说扬州人。大约于1296年出生在一个渡船人家。他自小聪明好学，文采出众，虽然当过基层的小官，不久便定居到苏州教书，相传他曾经参加过张士诚的反元起义军。他一生喜爱小说，写出了以宋江为首的梁山起义军为主人公的章回小说《水浒传》，为中国小说创作的繁荣作出了巨大的贡献。他大约在1370年去世。

施耐庵自小生活在贫苦人中间，深深感到这世界贫富悬殊的不公。后来他考上进士，被派到浙江钱塘县当了个地方官。这一下，他满以为手里有了点权力，至少可以在自己这块地方伸张正义，替老百姓办点好事。

谁知上任不久，他便发觉，元朝的官吏制度，根本不让他有自己做主的可能。名义上说，他是一县之长，什么事都应该由他这父母官说了算，但是，在他的官衙里，还高高在上地坐着一位达鲁花赤，用蒙古语来解释，达鲁花赤就是"镇压着、盖印人"的意思，他必须由蒙古人或色目人担任，汉人官员作什么决定，最终必须经过达鲁花赤批准。他的胳膊肘显然不会朝受压迫的汉人那边拐。

这种傀儡官儿，不当也罢。没过多久，施耐庵就辞了官，离开钱塘，来到苏州(一说淮安)，开了个学馆，教书过活(也有人说他是个说书艺人)。教书之余，他常常到书场听书，那里有讲史的，有讲前朝故事的，有的说书人索性编了当今发生在身边的故事来讲，都非常受听众的欢迎。

苏州是座文化名城，城里有好多书肆。施耐庵常常到那里走走，看到有合适的书便买回去阅读。有一次，他忽然发现有一本叫《宋江三十六人赞》的书。书中记录了宋江等36人的姓名和绰号。他立刻想起了说书人说的李逵、燕青、关必胜、徐宁、武松等人的故事，便如获至宝，立即买回家去，还请人画了36人的像，挂在卧室，日夜揣摩，构想他们替天行道、为民除害的故事。

最终促成施耐庵动笔替这些山大王作传的，应该是他亲身经历了元朝末年的农民起义。在这场起义中，他结识了许许多多敢于反抗朝廷的英雄，熟悉了他们的性格，就连施耐庵本人也在这一场大动荡之中，改变了思想和立场，他才有可能用赞扬的笔，去勾勒一向被诬为强盗的人，把他们写得那么可爱。

元朝末年，自1351年刘福通在黄河边起义以后，全国各地纷纷响应。苏州白驹镇一带的盐民也在张士诚领导下，举行了起义。施耐庵有个表弟卞元亨，是位武举人。他看到元朝气数已尽，便来动员施耐庵投奔张士诚。

施耐庵正沉浸在宋江等人占山为寇的故事之中，觉得世道如此，每个人都会被"逼上梁山"，于是答应了表弟，两个人一同来到张士诚处，当了军师。起义军势力发展得越来越大，但张士诚目光短浅，危急之时，竟投降了元军，等到占了苏州，又只想割据一方。施耐庵十分失望，终于离开江南，回到了老家。

从此以后，施耐庵潜心创作《水浒传》，他把历史上宋江"去时三十六，回来十八双"起义人数，扩大到108人，他写的种种人物，个个性格鲜明，让人敬佩，还构思了智取生辰纲、三打祝家庄、景阳冈武松打虎、林冲夜奔等生动的故事。

原来流传于民间的故事，经过施耐庵的加工变得更加精彩，反过来又以戏剧、说书等形式回到民间，扩大了水浒故事的影响。《水浒传》也终于成为我国古典长篇小说最优秀的作品之一。

·吴承恩塑造大英雄·

　　吴承恩是山阳人(今江苏淮安)，大约生于1500年，死于1582年，明代文学家。他一生只当过短暂时间的小吏，文才却远近闻名。因为他自幼喜爱神话故事，晚年在民间传说和中外作品的基础上，创作了极富浪漫主义色彩的著名长篇神话小说《西游记》。他的这一作品，受到后人的喜爱，是中国文学史上的一朵奇葩。

　　吴承恩在考场上一再败北，又生了一场大病，从此心灰意冷，对科举再也没有什么兴趣了。每当他看到地方官员巧立名目，横征暴敛，危害百姓的时候，他便万分感叹，总希望有朝一日能出现一位解民于倒悬的大英雄，来改变这种暗无天日的状况。但是，他在人世间无法找到这种英雄，便把希望寄托在神仙世界。他写过一首长篇神话诗《二郎神搜山图歌》，诗末感慨地说"胸中磨损斩邪刀，欲起平之恨无力"，但他还是希望有那么一位英雄问世。

　　其实，吴承恩在他书生生涯之中，也曾当过一次英雄。那是1559年，他在家乡组织兵丁，跟来犯的倭寇作战，还取得了保卫山阳的巨大胜利。

　　明朝的时候，日本浪人入海为寇，到中国沿海打家劫舍，横行了几十年。他们杀人放火，抢掠财物，还勾结沿海一带的土豪劣绅，危害百姓，明朝朝廷派出大军征剿，并明令各地方组织地方军队自卫。

　　1559年，一队倭寇窜到山阳一带，四处骚扰，当时大军正在浙江、福建一带，山阳地方无暇顾及，只能靠地方上自行防卫。

　　吴承恩听到这个消息，便去找昔日同赴考场的沈坤，这位当年的状元郎正在家里守孝。一见面，吴承恩便说："倭寇来了，你这状元郎官职在身，站起来联络乡亲，保卫家园是义不容辞的责任，怎么能缩在家里当孝子？"沈坤连忙答应："我也早有此心，吴兄在家乡号召力大，何不与我一同抗倭？"

于是这两个书生四处奔走，号召山阳百姓练兵驱倭。山阳百姓听说两位学士投笔从戎，都高兴地参加抗倭事业。一支乡勇队伍很快组织起来了，人们称这支队伍叫"状元兵"，吴承恩担任了从军的参谋。

既然是守卫家乡为主，沈坤和吴承恩就着重在防守，他们在山阳具战略意义的要害地点，特别是河道交叉的险要地点设防布阵，还设计了一套一处遇敌、四处赴援的办法。这种策略果然有效，倭寇流窜到山阳本来人数不多，常常打了就走，现在他们到处碰壁，每次接触都无法取胜，还常常损兵折将，知道山阳有了准备，便只得撤出了山阳。

吴承恩虽然在60多岁到浙江长兴当了一阵子县丞，但很快又回到了家乡，全身心进行《西游记》的创作。以前，元杂剧已经有过唐三藏取经的连台本戏，民间也有许多类似的故事，印度传来的佛经故事里也有神猴的传说，但那些故事都太简单，零零碎碎。这些故事汇入吴承恩手中，熔炼出一位神通广大、坚毅正直的大神石猴孙悟空。他天不怕，地不怕，大闹地府，敢闯天庭，与玉皇大帝针锋相对。后来保护唐僧去西天取经，历经八十一难，战胜无数妖魔鬼怪，终于取得真经。孙悟空是广大百姓心目中的英雄，也是吴承恩毕生憧憬的英雄化身。"大闹天宫"、"三打白骨精"、"三盗芭蕉扇"等等生动传奇故事被人们永远铭记在心中。《西游记》至今还是人们特别是少年儿童最喜爱的古典文学作品。

·"狂奴"汤显祖·

　　汤显祖于1550年出生在临川(今属江西)的一个书香门第。他在政治上历经坎坷，在戏剧创作方面却取得了杰出的成就。他的代表作是《临川四梦》，那是因为四个剧里都有做梦的情节，其中《牡丹亭》最为著名。

　　他的戏剧作品在世界文坛上也很有影响。因为他生活的时代与莎士比亚差不多，因此人们把他跟莎士比亚相提并论，称他们为东西方文学史上的两大巨人。他死于1616年。

　　汤显祖中进士后，被派到南京去当太常寺博士。太常寺博士本来就是个闲官，何况又是在南京呢？汤显祖只得利用空闲时间多读些书。别人问他，当了博士还要读什么书？汤显祖只是笑笑，说自己就是爱读书而已。

　　才过了几年，天空中出现了彗星。这本来是非常正常的事，明神宗却以为是不祥之兆，还把责任推到谏官头上去，说他们不进忠言，造成彗星扫过天空，下令把所有谏官的薪俸停发了一年，以示惩戒。

　　这明明是自己睡不成觉怨床脚不平嘛，汤显祖生起气来，提起笔便给皇帝上了道奏章。他脾气耿直，说话做事不喜欢转弯抹角，说彗星扫过这件事，如果果真是老天警示，那也只是皇上20年来重用权臣，是他们欺上瞒下、结党营私造成的，怎么能责怪谏官不肯说真话、直言上谏呢？

　　汤显祖这一说可捅了马蜂窝，明神宗见了奏章，气得一佛升天，二佛出世，说："这个汤显祖狂悖不堪，假借议论国事，攻击朝廷大臣，朝廷再也容不得他，把他赶得远远的。"

果然，汤显祖被贬官，赶到非常偏僻的广东雷州半岛的徐闻县，在那儿一待就是好多年。后来又把他调到浙江山区遂昌去当县令。就这样，过了好些日子，汤显祖对当官实在没有了兴趣，便辞官回到临川，隐居起来。

回到家乡，亲友们都纷纷上门探望，言谈之中，好多人劝他，以后说话要三思，特别是对大臣和皇上，只能用讽喻，不能太直截了当，否则身家性命都大成问题。汤显祖听了，只是付之一笑。

没过几天，人们听说汤显祖又在写传奇了，这一次来劝他的人更多。他们说，上一次汤显祖写《紫箫记》，刚刚写好两出，别人就拿去演出，没想到戏里讽刺了一个仗势欺人的大官，有人就硬说他在攻击当朝权臣，要去告发。汤显祖只得停下笔来。怎么这次又要去写传奇了呢？不怕再惹祸上身吗？

汤显祖听了，便回答："我就是要把《紫箫记》写完。现在是百姓想过太平日子过不到，我弃官回家，就是为了有时间写戏文，让天下污浊尽量揭露，让有情人在戏文里终成眷属。"

有位年长的亲戚听了，叹了口气："难怪有人称你是个狂奴，这话真的一点不假。"

汤显祖果真心甘情愿地当上了"狂奴"。他不仅把《紫箫记》写完了，还一口气写了《牡丹亭》、《南柯记》和《邯郸记》，其中《牡丹亭》的故事深深打动着世人。

《牡丹亭》里的少女杜丽娘梦中邂逅书生柳梦梅，相思致病，郁郁而死。柳梦梅拾得杜丽娘生前画像，几乎为情而痴。两人的痴情感动天地，杜丽娘复活，又与柳梦梅冲破封建家长阻拦，有情人终成眷属。这个委婉绮旎的故事表达了人们追求自由、冲破封建思想樊篱的理想。文中直率执着的行动，也表达了汤显祖敢于直言、甘当狂奴的精神。

·奇人金圣叹·

金圣叹是清初长州(今江苏苏州)的才子，他于1608年出生，博览群书，很快成为远近闻名的文学批评家。他一生评点过许多名著。他评点《水浒传》后，这本中国文学史上的巨著对后世产生了极大的影响，推动了中国通俗文学的流传与发展。金圣叹所著的大量诗文，也体现了他出众的才华。可惜他在1661年卷入了苏州的哭庙案中，被斩于南京三山街。

金圣叹是一位性格奇特的人，他对世俗常常不放在眼里。第一次参加科举考试时，他根本不照规定的要求写，自作主张构思了一篇新奇的文体交了卷。考官只瞧了一眼，便因为文章不合要求，扔进了字纸篓，连一个等第也没有给他。

名落孙山，金圣叹毫不在意，他还有点瞧不起那些尸位素餐的考官呢。后来，他参加县考，考官出了个题目，叫《孟子将朝王》，金圣叹更瞧不起这个考官了，觉得题目本身便不通，便在卷子四个角上写了四个"吁"字，把白卷交了上去。考官问他，他说孟子一生拜见诸侯的情况，《孟子》里讲得明明白白，考生何必去重复呢？没有写的，只能长吁短叹了，气得考官把他逐出了考场。就这样一次次落考，他却一点不放在心上。

考试考不上，金圣叹便留心做学问。他觉得《水浒传》一书丝毫不亚于《孟子》，像黑旋风李逵，便颇有"富贵不能淫，贫贱不能移，威武不能屈"的作风，比起孟夫子的说教，又来得生动，便专心致志为《水浒传》作评点，还删去七十一回以后宋江征方腊等内容，让那些英雄在排座次的高潮中结束自己的活动。他的评点和删节确实慧眼独具，使得《水浒传》这本通俗文学作品流传更广，也更受人们的欢迎。据说连爱读汉人书的顺治皇帝，也十分佩服这位民间的才子。

可是，名气跟灾难往往是接着来的。由于金圣叹说话办事很随便，喝醉了酒便信口开河，大发牢骚，地方官多次被他骂过，因此便种下了祸根。

1661年，顺治皇帝死了，照规矩，大家都要哀悼三天，叫做"哭临"。吴县读书人商量好了，要借去文庙"哭临"的机会，向江苏巡抚朱国治上书，状告吴县知县任维初贪赃枉法、监守自盗、鱼肉百姓，要求罢免任维初。

"哭临"的最后一天，朱国治来到文庙，与各级官员举行仪式。突然，文庙的钟鼓一齐奏响起来，几百名读书人一拥而入，把文庙大晟殿占了，整个殿里跪满了书生，外边还有1000多人在声援。学子们嚎啕痛哭，说："皇驾归天，天下学子伤心已极，可吴县知县任维初贪赃枉法，激起民愤，请巡抚大人下应民意，处置任维初。"说着，一张张状纸递上去，把朱国治弄得无法开交。

等学子们陆续退去时，金圣叹才被几个人拉着来看热闹。状告任维初，他是赞成的，但叫他出头去掀倒一个小小七品芝麻官，他实在不屑。可是，他恰恰不该在这个时候跟朱国治照面。朱国治、任维初本是一伙，看到名气甚大的金圣叹也在现场露面，便一口咬定他是主谋，说他带头破坏"哭临"，目无王法，聚众闹事，理应惩处。

金圣叹立即被押解到江宁审问，不等金圣叹辩解，刑官立即下令用刑，把金圣叹打得皮开肉绽，金圣叹只得哭着喊："先帝，冤枉！"但紧接着又是一阵毒打，打得他连哭喊也不成，当堂昏了过去。

这就是清初著名的"哭庙案"，朱国治只怕夜长梦多，在当年七月十三日就匆匆把金圣叹杀了。一代才子，一心想着尚未完成的批点，却含冤负屈踏上了鬼门关。

·蒲松龄摆茶摊·

蒲松龄是山东淄川(今淄博)人，清代文学家。他1640年生，早年也曾千方百计博取功名，多次科举失意后，当了40年私塾的先生。在坎坷的生活道路中，他留意搜集和积累起民间传说，借鬼怪仙狐的形式，精心撰写出了短篇文言小说集《聊斋志异》，共490余篇，被誉为中国的"短篇小说之王"。1715年，蒲松龄去世，时年75岁。

蒲松龄从19岁起参加乡试，一直考到30出头，还是没能考上举人。他只得回到家乡，靠教书谋生。恐怕连他自己也没估计到，他这一教书，就消磨了大半辈子，当了40多年的私塾先生。

幸好他还不是个单纯的教书匠，早在年轻的时候，他就喜欢在纳凉的时候听村民讲故事。村民们讲的，都是些奇闻轶事，不是花妖、树精，便是些狐仙鬼神。蒲松龄是个有心人，听到村民们讲的有意思的，便记在心里，回头经过自己整理，写在簿子上。经过一段时间的积累，已经有一批短小精悍的故事存放在他的书篓里，这些资料，便成了日后《聊斋志异》的底本，而且越积越多。

现在既然当了塾师，他就更有空闲从事这方面的创作。不过光靠纳凉休息的机会去听别人闲聊，已经不能满足蒲松龄的需要，他一定得想个办法，从村民们口里，掏出更多的故事来。

于是，在村头凉亭里，出现了一个茶摊，摆摊的正是私塾先生蒲松龄，只见他常常坐进凉亭，招呼着南来北往的行脚客，到亭子里歇歇脚，喝口茶，抽袋烟。客人谢过，问他的茶多少钱一碗，他总是笑呵呵地答："水随便喝，哪能要钱！"

能有这样的好事？人们都在怀疑。这时候蒲松龄便亮出底牌：

"钱倒不收，您要有什么新鲜事，就讲来听听。"而且，这位教书先生最爱听的，不是那些忠臣孝子之类的老话，倒是要听神仙鬼怪、轶事奇闻。喝茶的人见他这般有趣，当然搜肠刮肚，把五花八门的故事讲了出来。蒲松龄一一仔细听了，回家记录下来，一有空闲便添枝加叶，将其编成完整的故事。

到后来，附近种田的、做买卖的都知道了这件事。他们只要在四方听说了一个有趣的故事，便会走进凉亭，给蒲松龄讲上一段，那目的倒不是想去喝茶，而是想在蒲先生那里凑上一脚，让大家也听听自己的故事。

蒲松龄在凉亭里收获实在是大。有一天，一位到邻县打工的木匠，给蒲松龄讲了一个蟋蟀的故事。说有个皇上喜欢斗蟋蟀，逼着各州各府给他上贡好蟋蟀。县里一家正摊上送蟋蟀，便去田野里抓了一只。谁知临上贡前，那只蟋蟀被小儿子捏死了，一家人急得没办法，小儿子吓得投了井。第二天主人在井边又捉到一只蟋蟀，相斗起来十分凶猛，总算交了差。井边怎么会逮到蟋蟀？原来这只蟋蟀正是他死去的孩子变的。

木匠的故事说得蒲松龄直想掉眼泪，日后他把这故事编成了不朽的名著《促织》，成为他那本《聊斋志异》里边的代表作品。好多像《促织》这样的小说，蒲松龄都是从民间听来的。百姓的爱和恨，都通过蒲松龄故事的悲欢离合、嬉笑怒骂体现了出来。

《聊斋志异》还没编成的时候，一些优秀的短篇故事已经在人们口头广为流传，人们竞相抄阅，爱不释手。有时候，一些恶霸无端迫害别人，但只要听说别人把这事儿告诉蒲先生去，他们往往会收敛起来，只怕蒲先生把这事写到《聊斋志异》里去，弄得自己臭名远扬。瞧，《聊斋志异》的影响力还挺大的呢。

·孔尚任写《桃花扇》·

　　孔尚任是山东曲阜人，生于1648年。他家多少跟孔圣人后裔有点亲戚关系，因此也算是孔子的后代。他也曾因为这个关系被康熙皇帝召进京城，授国子监博士。孔尚任不喜欢做官，却喜欢戏剧，他创作了有名的传奇剧本《桃花扇》，因此轰动了京城，可惜也因这个剧本被朝廷革职，返乡闲居，1718年于家中病故。

　　20岁的时候，孔尚任就听说过关于秦淮名妓李香君的故事，喜爱戏剧的他便萌发过要把这个动人的故事写成戏剧的念头，可惜他一不懂音律，对南明时代的情况也不甚了解，只得把这个愿望埋在了心底。

　　有时候，世事的变化也实在出人意料。孔尚任原本只是一位秀才，偶然中给到孔庙祭孔的康熙皇帝讲了一次《大学》，便跳过乡试会试，直接成了国子监的博士。

　　博士本是个清闲的官，时间有的是，孔尚任在街上又偶然买下了一件唐代古乐器小忽雷，跟一位有名的戏剧家合作，写了个《小忽雷》剧本，写作过程中，他学会了曲律，为以后写李香君的故事，创造了条件。

　　说也凑巧，当淮扬一带因黄河决堤闹起水灾的时候，偏偏康熙又派他协助工部侍郎孙在丰去治理黄河。到了淮扬地区，黄河没治好，他又有了机会，亲自到扬州、江宁一带去实地考查有关李香君的事迹。

　　孔尚任第一个结识的，是一位叫冒襄的老人，他是当时的金陵四公子之一，跟侯朝宗、李香君有很深的交往。南明灭亡后，一直隐居不出，听孔尚任说要写李香君的故事，他立刻把自己知道的事倾情相告。一些细节是外人无法知晓的，老人都讲得清清楚楚，孔尚任就像得了宝物般，详详细细地记录下来。

后来，孔尚任又听说，江宁栖霞山里，住着位姓张的先生，是前明遗民，曾在前明皇宫里做过事，便准备去拜访他。别人告诉孔尚任，这老头儿脾气十分古怪，多少人慕名前往，都被他拒之门外。孔尚任却相信只要心诚，没有打不开的门。

经过几次拜访，张先生终于答应和孔尚任详谈。在他那里，孔尚任看到了那位遗民写的书，了解到几十年前发生在南明小朝廷里许多鲜为人知的内幕。他对写好李香君故事的信心更足了。孔尚任到扬州凭吊了史可法衣冠冢。在秦淮河畔找到了李香君当年住的媚香楼，又游览了当年发生李香君、侯朝宗爱情故事的地方，决定立即回京城，动手写一部叫《桃花扇》的戏剧，了却自己的夙愿。

《桃花扇》写的是一个真实的故事。当时清兵扫荡了北方，正要南下。而南明政权却把持在马士英、阮大铖等奸佞手中。秦淮河一位有爱国心的妓女李香君看上了穷书生侯朝宗，侯朝宗投奔抗清名将史可法，阮大铖挟私报复，逼李香君嫁给昏官田仰，李香君誓死不从，一头撞在墙上，鲜血洒在侯朝宗所赠的纸扇上，经评书艺人柳敬亭等相救才免一死。后来，一位画家把洒满鲜血的纸扇改画成盛开的桃花，《桃花扇》的剧名便由此而来。

史可法在扬州殉国，南明政权作鸟兽散，亡国之后，侯朝宗和李香君双双入山，当了道士，这便构成了一出历史的大悲剧。

《桃花扇》一经写成，立刻轰动了整个京城。看这出戏的人越来越多，戏园子里人满为患。好多老年人看着看着，不由得想起往事，怀旧之情油然而生，有的人甚至当场痛哭流涕。孔尚任的名声便越来越大了。

这时候，孔尚任已升任户部员外郎，总算有了一点实实在在的事可干。不料几天后，朝廷又下了道命令，罢了孔尚任的官，还赶他回曲阜去了。

原来，《桃花扇》的名气大了，康熙也知道了这出戏。皇帝觉得这剧里虽没骂清兵，但却充满着对南明抗清派的同情。他不能容忍孔尚任这种态度，一句话便把孔尚任赶走了。

·入木三分的讽刺画卷·

吴敬梓是安徽全椒人，1701年出生。他从自己亲身的经历中，看透了封建科举制度的虚伪，宁愿终生贫困，也不去参加科举考试，并用小说《儒林外史》绝妙地讽刺了科举制度的弊端，刻画了它对知识分子的毒害。《儒林外史》是中国古典讽刺小说的杰作，吴敬梓死于1754年。

1730年，吴敬梓29岁，他去参加乡试。预考的结果，他得了第一名，吴敬梓心里很高兴。想当初，他小时候不爱读四书五经，父亲很生气，少不了又骂又打，还说他今后一定没有出息。现在总算有了出头之日，中了举人再去考进士，终究能够光宗耀祖的。

有一天，主考官忽然把吴敬梓找了去，一见面，主考官就冷冷地对他说："你文章写得不错，可是，我收到有人写的告发信，说你平日的举止不端，喝酒取乐，坐吃山空，都不是读书人应该做的。你真是文章大好人大怪，实在吃不透你是怎样一个人呀。"

吴敬梓听了，心里一沉，想不到会有人在这种时刻从背后捅自己一刀。这主考官的话也太过分，把自己说得那么不像样。可是，喝酒取乐的事自己有过，家道中落的责任虽然不是自己，但也是事实。何况自己能否中举，这权攥在那人手中，人在屋檐下，哪能不低头？他便低头叉手，恭敬地回答："学生知错。"那主考官听了，口气和缓了些："知错必改，前途定然无量。你要记住了。"

总算是一场虚惊，吴敬梓定下心来，准备参加正试。几个月后，乡试正式开始，吴敬梓三场下来，只觉得春风得意，自感文章写得不错，这回中举是不成问题的了。

然而，他怎么也没想到，发榜的时候，自己竟名落孙山，一些并无真才实学的草包却榜上有名。吴敬梓实在想不通，只觉得心力交瘁，人也变得病歪歪的。

一位精于世道的人一语道破了秘密："你这个书呆子，真是一点人情世故都不懂。你只向主考认个错有屁用，一个钱也不出，怎么行？主考要找你这个预试第一名干吗？还不是向你索一点孝敬？草包们有了钱垫脚，当然能够高中，他们垫了脚当然比你高多了。你这傻瓜！"

吴敬梓听罢，恍然大悟，接着心头便如针刺般疼痛。原来自己一直信以为真的东西，竟然是如此虚伪，自己一直为之奋斗的目标，竟然是如此虚幻。他顿时省悟了，从此再也不想参加科举，带着妻儿来到江宁(今江苏南京)。

吴敬梓在繁华的秦淮河畔买了一处房子定居下来，这一年他33岁。从这一天开始，他只想完成一个目标，那便是把自己从痛苦中领悟的道理写下来。他要揭露科举制度的丑恶，告诉人们，在天经地义的掩饰之下，有多少黑暗与罪恶。他要写一本书，书名就叫《儒林外史》。

他从一个老童生写起，这个叫范进的人比自己蠢得多，在科举场上考了几十年，头发白透了，家中老母饿得发昏，还是要去考秀才。一位同样是白了头才考上举人进士的考官可怜他，让他中了秀才，又中了举人，他得知自己中了，立即欣喜得发了疯。以后，这位其实文章也写不通的老爷，被染缸染黑，跟着人去打秋风，附庸风雅，最后不知所终。

《儒林外史》中写了那么多人物，个个栩栩如生。有临死还念着多点了一根灯芯的严贡生，有硬逼着未过门成了望门寡妇的女儿自杀的老腐儒，有冒名顶替假扮名士的龌龊小人，还有一旦当了官，便千方百计搜刮百姓，无恶不作的新权贵。《儒林外史》所描绘的是那个时代的一个缩影，反映出了当时社会黑暗的真相。

·十年一纸辛酸泪·

　　清代著名的文学家曹雪芹，本是个官僚人家的子弟，约1715年（或1724年）出生在江宁织造的大家庭中，自小享尽荣华富贵。13岁时，曹家被抄，他便坠入极端贫困的生活境遇之中。生活的大起大落，让他看透了社会的世态炎凉，他把自己的感受，熔铸进小说，历时10年，写成了长篇小说《红楼梦》。这部不朽名著，是我国古典小说艺术的最高峰。1763年除夕夜，曹雪芹在北京西山破败的寓所里凄凉过世，享年只有48岁。

　　曹雪芹祖籍河北丰润，清兵入关后，入满洲正白旗内务府籍，因有战功得以接近皇室。曹雪芹的曾祖母曾当过康熙的奶妈，祖父曹玺也曾是康熙的伴读。因此被任命为江宁织造，成为康熙在南方的耳目。无论大小事宜，均可直接向皇帝密报，权势之威江南无人可及。

　　曹家倚仗康熙，在江宁可说是第一家。康熙六次南巡，四次便住在江宁织造府。这样的日子在康熙去世后便一落千丈。他们挥霍无度，为了接待皇上又挪用了无数库银。当雍正查找亏空时，曹家便成了众矢之的。抄家之后，13岁的曹雪芹只得随叔父北迁，成了罪臣之后。

　　曹家的长辈，无不把希望寄托在这位单传嫡子的身上，可是曹雪芹偏偏见着四书五经生厌。后来，干了几年宗学的差事，只觉无趣，便索性辞了职，回到家里，生活就愈加清苦了。曹雪芹是位绘画高手，有时候便不得不画上几幅画出售，来贴补旗人微薄的俸碌。

　　曹雪芹真是流年不利，他的绘画才能，不久竟给他带来了新的灾难。有位叫董邦达的朝廷大员，很欣赏曹雪芹的画，便让皇家画苑的画师王南石去找曹雪芹，说愿意推荐曹雪芹到皇家画苑去当差。

王南石知道曹雪芹清高傲世，觉得他一定不肯加入画苑。董邦达却说："曹雪芹现在连饭都吃不饱，画苑俸禄那么高，他一定巴不得进去呢！"但是，事情正如王南石所料，曹雪芹不愿到皇家画苑里去，供权贵们驱遣。

曹雪芹的拒聘，立刻带来灾难性的惩治。一位罪臣之后，拒绝皇家征调，显然是怀恨在心，这种大逆不道的思想，理当诛伐。于是曹雪芹的旗籍被开革，连一点点可怜的旗人俸禄也没有了。生活窘困的曹雪芹实在无法生活，便搬到京郊的西山边几间茅屋中居住，开始了他伟大文学著作《红楼梦》的创作生涯。

西山是个好地方，风景优美，一派恬静的田园风光。曹雪芹常常画几幅石竹图，到附近酒店换酒；京城几位贵胄好友来了，他便把自己扎的纸鸢相赠，那些人知道曹雪芹的脾气，不能说买他的鸢子，便随意送他一些银两，帮他度日。

写作的日子真难熬，一家常常每天只喝两顿粥不说，到了冬天，滴水成冰，他只得呵融了砚冰，继续写下去；冻得手足冰凉，便去室外跑上一圈，回来再呵砚继续写下去。脑际种种往事，浮现眼前，有时候，他边写边流着泪，自己跟书中的人物，紧紧融合在了一起。经过10年的努力，一本八十回的《红楼梦》终于问世。

《红楼梦》是中国古典小说中的一部极品之作，也是世界文学之宝。作者曹雪芹所刻画的人物鲜明，栩栩如生，故事描写细腻婉约，以贾宝玉和林黛玉一场生死恋情为主线，架构出贾、王、史、薛四大家族的兴衰史，表现了作者反礼教、反传统的叛逆精神。作品一反传统大团圆的结局，写出了一部大悲剧，而正是这种悲剧结局使《红楼梦》成为了古典文学中现实主义的代表作。

曹雪芹并没有写完他的"梦"便遗憾地过世了，现在的一百二十回本的后四十回，是另一位文学家高鹗续写的。《红楼梦》问世后，手抄本立刻迅速流传，人人争相一睹为快。经过几百年的流传，它的价值越来越被人们认识。《红楼梦》是我国古典文学中思想性与艺术性完美结合的著作，在世界文学史上也占有重要地位。

·龚自珍写诗抒豪情·

　　龚自珍是中国封建社会末期具有民主主义思想的文学家，他1792年诞生于仁和(今浙江杭州)，也曾考中进士。但是，他的思想主张一直不得实现，1838年辞官南归，写下了315首七言绝句，称《己亥杂诗》。他也曾替林则徐慷慨送行，预祝他查禁鸦片取得成功。1841年在丹阳云阳书院任教时暴亡。

　　1838年，龚自珍已经46岁了，他在京城当了这么多年官，眼见朝廷腐败，康雍乾三朝那种气象，早已荡然无存。自己屡屡提出改革朝政的建议，也总得不到重视，于是，他下定决心，这个礼部主事的官儿，不当也罢，还是赋闲回家，当个安安稳稳的百姓。

　　他夏初从北京动身，打算先回仁和打点好住处，然后再回京城接家眷。出了永定门，直往南奔，晓行夜宿，历经直隶，进入山东，然后来到江苏境内。江苏历来人口繁密，农商发达，但是，这一次他却只见到田园荒芜，市场衰败，民生凋敝的景象。龚自珍百感交集，沿途以七言绝句的形式，记载自己所见所闻所感，数一数，大约已有好几十首了。

　　从扬州出发，经左渡口过江，就来到镇江。这里正是江南水乡，人间天堂。但是，这一年旱灾爆发，水乡无水，田地开裂，已经变成烈焰遍野的地狱了。龚自珍登上车，只觉得心如汤煮，一肚子的愤懑，无法排解。

　　一阵嘈杂声传来，大车突然戛然而止。车夫告诉龚自珍，前边正在举行求雨的仪式，挡住了车子的去路，恐怕一时无法过去，不如下车休息休息。龚自珍只得无可奈何地下车来，去看看那热闹的场景。

这是一座历史悠久的古庙，观庙前旗幡高挂，青烟缭绕，钟鼓齐鸣，道士们又拉又吹又弹，声声悠扬。宽袍大袖的道长们，领着善男信女，围着玉帝神像兜着圈子，龙王的像，则在一旁挨晒，真叫人弄不懂。

龚自珍慢慢地朝场中走去，他想跟道长们商量，能不能借条路，让自己通过人群。他现在归心似箭，对这种顶礼膜拜的求神场面实在是一点兴趣也没有。

一位白发长髯的道长正在桌前铺下张青藤纸，提着笔，皱起了双眉。每当举行赛神会，总要有人写一篇祭神文。今年是求雨，别人都不想来参与，只得他自己动手，这可难坏了这位老道长。

突然，他看到人群之中，走来一位熟悉的人，那是几年前结识的京官龚自珍，知道他曾在国史馆任职，文才出众，便像找到救命天尊般赶上前去，恳求他一挥大笔，替盛会写一篇祭神文，并立即指挥众人，让龚自珍的大车通过人群。

龚自珍自知这篇祭神文无法推却，便跟随道长来到桌前。他一路上都以七言绝句记述所见所闻，他也不想写一篇恳求上苍普降甘霖的文章。他略一思索，便拿起笔，饱蘸黑墨，在青藤纸上写了一首七言绝句："九州生气恃风雷，万马齐喑究可哀。我劝天公重抖擞，不拘一格降人才。"龚自珍的诗和他龙飞凤舞般的书法立即受到全场一致的称颂。

龚自珍在镇江写祭神词，其实是在借题发挥。一路上，他看到老大的中国，已经日暮途穷，如果不再振奋起来，中国的前途就十分可忧，他所企盼的，就是一场震撼大地、变革现实的风雷，出现能够力挽狂澜的人才。这种局面，什么时候才能出现在九州大地上呢？

·"新派诗"的黄遵宪·

　　黄遵宪1848年出生于广东梅州一个没落的官僚家庭。他从小便盛负诗名，30岁开始，出国当了17年外交官，回国后用诗歌宣传域外文明，并参加变法活动，与梁启超过从甚密。戊戌政变时他在上海养病，也遭连累，被查抄监禁。出狱后从此不再为官，回老家闲居，直到1905年去世。他是晚清新派诗的创始人。

　　一个人的一段生活经历，往往决定人的一生。1878年，黄遵宪被派往国外，先后担任驻日本、英国的参赞，后来又担任旧金山、新加坡的总领事。接触资本主义社会，他的眼界扩大了，便用诗的形式介绍异域风光，科学文明。他写了《今别离》四首，分别介绍轮船、火车、电报、照相机等奇异风物，还用《纪事》诗叙述了美国总统竞选的经过。中国古代诗人从来没有经历过的境界，在他的笔端涌现，给中国诗坛带来了新鲜气息。所以，他不无自豪地宣称："废君一月官书力，读我连篇新派诗。"这便在中国文学史上，第一次出现了"新派诗"这个不同于古代的名称。

　　回国之后，47岁的黄遵宪自然而然地站在了改革派的一边。他决不是那种一心谋私利的人，也不会像曾担任驻外使节、却出卖改革派的袁世凯之流。他回国之后，结识了广东青年学者梁启超，创办了《时务报》，成为变法运动的中坚力量。

　　戊戌变法失败时，黄遵宪在上海养病，也没有逃脱追查拘禁。但是，他却没有改变初衷，依然坚信中国的未来一定会有变化，古代"大同"的理想一定能够实现，他在《己亥杂诗》中写道："滔滔海水日趋东，万法从新要大同。后二十年言定验，手书心史井函中。"

正因为他这种鲜明的态度，便再也不能在朝中为官，于是，退居梅山家中，著书立说，终老山林。

作为一名新派诗人、民主主义文学家，他虽然身处江湖，却时时刻刻关心着祖国的安危。他的新派诗，最大特点是在思想内容方面充满爱国主义的情操。他曾因列强分割中华而悲愤，写出了"时时发狂疾，痛洒忧天泪"的诗句。他也曾写出一组以尚武精神为题材的军歌，分为《出军歌》、《军中歌》、《旋军歌》，表示"荷戈当一兵，吾亦同杀贼"的决心，以此鼓舞抵抗外侮的士气。

那一个时代的重大事件，无不在黄遵宪诗中有所表现。中法之战开始了，由于战争发生在越南，身居广东的黄遵宪，当然更加感同身受。老将冯子材在镇南关外大败法军，他欣喜万端，立即写了《冯将军歌》，推崇这位爱国将领。甲午战争失败，黄遵宪悲愤填膺，一口气写下了《悲平壤》、《哀旅顺》、《台湾行》等系列叙事长诗，记叙了几次重大战役的经过，表达了自己的爱国情怀，无情地讥讽了清政府官员的贪生怕死，颟顸无能。《台湾行》一诗，还歌颂了台湾士民抵抗日军侵占的斗争。

黄遵宪的诗歌，梁启超在《饮冰室诗话》里称之为"诗史"，那当然是因为这些诗真实地记录了变法之后中国受屈辱的那一段历史，表达了进步的知识分子要求变革，改变中国孱弱面貌的一种要求。

到了清朝末年，资产阶级激进派诗人们对黄遵宪又有更高的评价，他们认为，当世界发生根本性变革的时候，诗歌也应该跟随时代的变化而变化，创造出一个新的天地。黄遵宪正是这种时代变化需要的诗人，他的诗独辟蹊径，在文学史上占有一席之地。

·刘鹗借游医锐目观世界·

在清朝后期四大谴责小说中，《老残游记》是比较有特色的一部。其作者是署名"洪都百炼生"的刘鹗。

刘鹗1857年生于江苏丹徒的一个封建官僚家庭中，但他无意科举，崇拜"西学"，对数、医、水利均有研究。他在河南、山东的巡抚府都当过幕僚，深知官场腐败，写出了谴责清廷官场黑幕的《老残游记》，后因获罪被谪徙新疆，1909年病死在那里。

在中国的古典小说中，人物形象一般是比较脸谱化的。英雄和坏蛋的一举一动，都随作者预定的构想单一地发展。英雄始终英气勃发，坏蛋则一定头顶生疮、脚底流脓。但是，刘鹗的小说《老残游记》却写出了别人没有写出的性格复杂的人物，与其他作品大不相同。

《老残游记》以一个江湖游医的活动作线索贯穿全书。老残这位主角走到哪里，便生发出一段故事来。老残所见所闻，实际上是作者当幕僚那段生活中见闻的真实写照。全书写得最生动的，是两个"清官"——曹州知府玉贤，善于"办盗案"，在他的治理下，曹州几乎"路不拾遗"，可以说是一个"响当当"的"清官"；而那个被派至齐河县审案的刚弼大人，则"清廉得格登登的"，谁也别想威逼利诱他一点点。

但是，刘鹗借老残的眼睛，揭发了这两个"清官大人"性格中的另一面。玉贤在衙门前一下子设了12架站笼，架架天天不空，也不知曹州哪里会有这么多盗贼，一年之中，光站笼就站死了两千多人，站不死的使用板子活活打死。其实，他是个滥用酷刑、残杀无辜的酷吏，却赢得了政声。而那个刚弼，则是个主观武断、刚愎自用的人，制造了骇人听闻的冤案，还因为"清廉"，大得上司的赏识。刘鹗就是这样愤怒地谴责了这样两个害民的"清官"，从另一个角度批判了官场的黑暗。

社会是复杂的，官员当然如此。刘鹗何尝不是这样？他鞭挞贪官和貌似清官的酷吏，却寄希望于拥有特殊身份的老残、刘仁甫那样的能人、白子寿那样的真清官，也是在谴责之中带一点希望。但是，他的希望十分苍白无力。

后来，刘鹗弃官不当，做了商人和买办，主张借外资办实业，筑路开矿，还当了福利公司的经理。这又使他进入了另一个社会怪圈之中，在那个半封建半殖民地的社会中，跟外商结合，后果应当可想而知。真正的清官没有，外国人居心叵测，刘鹗的办法，实在无法改变中国的面貌。

1900年，八国联军侵占北京，北京城里，除了被侵略者屠杀的义和团及普通百姓外，因为饥饿而死的平民更多，真是饿殍遍野，惨不忍睹。刘鹗凭着他特殊的身份，集资向侵略军购买粮食，买的是匆匆出逃承德的清廷无法带走的朝廷"太仓"的储粮。

饥民得到了赈济，这也许是刘鹗的本意，结果却犯了弥天大罪，清王朝说他私售仓粟，在1908年把他流放到了新疆。已经51岁的刘鹗想不到会有这样悲惨的结局，只得万里迢迢踏上了充军之路。是耶，非耶，恐怕他一辈子也说不清楚。

漫长的流放之途、艰苦的生活对年过半百的刘鹗来说，实在无力承受，而心灵的创伤恐怕更加无法排解。在到达新疆流放地不久之后，1909年，52岁的刘鹗就死在流放地。

·东宁才子丘逢甲·

丘逢甲是清代末年台湾的才子，爱国诗人。他1864年生，年轻时诗名极盛，人称东宁才子。在甲午战争后投入抗日保台的斗争，后来渡海来到厦门。他的经历，都以诗记录，感染着当时许许多多民众。

1877年，丘逢甲才13岁，他便去台南参加科举考试，考的是秀才。那一年，到台南监学的，是福建巡抚兼学台丁日昌。这个规格应该说比较高了，足见当时清政府对台湾地区是十分重视的。

当年的考题是写一首诗，一首词和一篇赋。别的考生还在那里搔头摸耳，苦思冥想，只觉得无从下手，但是丘逢甲却毫不思索，只瞧了诗题一眼，马上就动起笔来。诗写完后，词和赋也很快完篇了，不到一个时辰，丘逢甲便交了卷。

监考的官员见一位乳臭未干的小童生这么快便交了卷，诗写得那么老成，便有点怀疑他的诗是宿构而成的。猜中考题，早作准备，上场之后便可套用，这种情况以前也曾有过。官员们便重出了一个题目，让丘逢甲当场写来。丘逢甲毫不慌张，略作思索，提笔立就，监考的官员这才相信，这孩子确实才学出众。

正当众人议论纷纷时，丁日昌巡视至此，听说出了个小小年纪的才子，也有点半信半疑，便打算当面考一考他。

台湾人的姓氏，跟福建地区差不多，都比较怪异，丁日昌听说他叫丘逢甲，便兴致勃勃问他取名的缘由。丘逢甲丝毫不惊慌，回答说，自己出生那年，正逢甲子，父母便起了这个名字，虽然不雅，但父母之命不可违，也只好安之若素了。

丁日昌听他答得有趣，便顺口出了句上联"甲年逢甲子"，丘逢甲应声答道："丁岁遇丁公。"1877年正是丁丑年，这副对子，应时应景，上下对仗工稳，韵律齐整，把自己跟丁日昌巡视巧妙结合在一起，实在是副佳对，显露了丘逢甲的机智与才华。

丁日昌的兴趣更高，又出了一篇题目叫《全台利弊论》的文章名，想看一看这孩子对整个台湾事务的看法。哪知丘逢甲年纪虽轻，志气却不小，他立刻写出了一篇切题的文章。丁日昌高兴极了，立即点丘逢甲为这次院试第一名，还叫人刻了一方印鉴，刻上"东宁才子"四个字送给丘逢甲。从此，丘逢甲的才名，便传遍了海岛内外。

并不是所有的才子，长大之后都会卓尔不群的，有些甚至会跌入低谷，但丘逢甲却不是这样。中日甲午战争时，他已经是31岁的青年人了，当听到清政府签订了《马关条约》，竟然把台湾和澎湖列岛割给了日本时，他愤怒异常，割破手指，用鲜血写下了"拒倭守土"四个大字，表达了自己的抗倭决心。

丘逢甲参加了保卫台湾的武装斗争，组织了义军。但是，由于人寡力薄，缺乏后援，在抵抗了20多天后，只得撤离台湾，前往厦门。在乘船离开台湾的途中，他悲愤地写了《离台诗》："宰相有权能割地，孤臣无力可回天。扁舟去作鸱夷子，回首山河意黯然。"在清政府辱国丧权的时代，满怀爱国情怀的丘逢甲确实无力回天，他只能气愤地学春秋时代的鸱夷子范蠡，孤舟远游他国了。

等到一年之后，丘逢甲又写了一首《春愁》诗："春愁难遣强看山，往事惊心泪欲潸。四百万人同一哭，去年今日割台湾。"丘逢甲的一生中，像这样的诗还有很多，让后人看到一位年少才俊长成忧国的东宁才子的形象。

·鲁迅与《狂人日记》·

中国新文学的伟大旗手鲁迅，本名周树人，1881年9月25日生在绍兴一个没落的官僚之家。他先在南京路矿学堂读书，后又到日本学医，在东京投入文学队伍。辛亥革命后，曾在教育部工作，投身五四运动，写出《狂人日记》、《阿Q正传》等名著。后来以杂文为武器，与反动派作坚决的斗争，成为无产阶级文坛的巨人。鲁迅于1936年去世，被人们称为"民族魂"。

1918年，鲁迅住在北京的浙江会馆。他一边在教育部当佥事，一边在住处抄抄古碑。轰轰烈烈的辛亥革命早成往事，中国的状况依然故我，这使鲁迅感到巨大的寂寞，他盼望着深刻的变革，思索着辛亥革命的教训，寻找着新的革命道路。

有一天，在《新青年》当编辑的朋友钱玄同来到会馆，说服鲁迅站出来参加反对封建传统的斗争。他们之间，发生了一场要不要呼唤民众起来斗争的争论。

钱玄同是坚决主张要唤起民众的，但是，鲁迅却认为，封建势力过于强大，唤起民众只会使觉醒的民众更加痛苦。钱玄同的劝说，使对辛亥革命太失望的鲁迅重新燃起了信心之火，他开始思考，如何让民众迅速觉醒，一齐来推倒统治了中国几千年的封建残余势力。

究竟写一点什么呢？这时候，鲁迅想起了两年前的一件事。那是1916年10月的一天傍晚，鲁迅正在灯下读书。突然，有人来敲门，开门一看，原来是一位神色紧张、头发散乱的年轻人。鲁迅瞧了一会儿，才看出来人是在山西当文书的表弟。

表弟一边喝茶，一边不住地说，有人要杀他，杀手一路跟踪，一直追到了北京。正在这时，响起了敲门声，那人吓得一溜烟躲到了书柜后面。鲁迅告诉他是隔壁的来人，他这才从书柜后边出来，东张西望半天，才安下心来。

第二天，鲁迅尚未起身，房门就被敲得咚咚地响。门开后，表弟直往房里冲，颓然倒在椅子上，还不住地呻吟，问他，他便只说："今天我要被抓去杀头了。"鲁迅是学医的，知道他已精神错乱，大约是受迫害、神经太紧张引起的，便叫了辆车子，同他到池田医院看病。一路上，只要看到警察，表弟就一定要鲁迅放下车帘，否则他便要跳车逃跑。

后来，鲁迅派了一个可靠的人送表弟回了绍兴，临行前，表弟留了封绝命书给鲁迅，说路上若有不测，请他代寄回家。信上语无伦次地只说山西绅商各界，密议决定置他于死地，沿途贿赂，买通同党，必欲置之死地而后快，其中详情，不胜细述云云。

这件事给鲁迅的印象极深，他同时想起了屠格涅夫写的小说《狂人日记》，便用了他的篇名，写了中国狂人的心态。虽然在篇名上，鲁迅确实模仿了屠格涅夫，但在内容和形象方面，则全新地写了一位反对封建势力的勇士。

鲁迅笔下的狂人，看透了封建社会的残酷，他说，在满纸仁义道德的历史书上，他从字里行间，看到写着的鲜红的大字："吃人。"而且，吃了人还要挤出几滴眼泪。自己吃人，自己又被吃，陈陈相因，这便是中国五千年历史的全部内容。

还有没有不吃人的人呢？鲁迅说，那便是孩子。孩子是未来，是希望。但总有一天，他们也会被娘老子教会，一样去吃人。于是，在小说的末尾，鲁迅大声疾呼："救救孩子！"

一篇展示"文学革命"开端的伟大作品《狂人日记》，终于出现在《新青年》杂志上，中国的历史将进入一个新的阶段，五四运动终于在"打倒孔家店"的呼声中爆发了。

·郭沫若叹服一字师·

郭沫若是我国现代杰出的诗人、戏剧家、历史学家和古文字学家。他1892年出生于四川乐山一个封建地主家庭，一生积极投入中国人民的革命斗争，成为中国现代史上著名的政治活动家，同时创作了大量的文学作品。《女神》于1921年出版，开创了一代诗风；20世纪40年代初正是抗日战争的艰难岁月，他创作的历史剧《屈原》等，用借古讽今的笔法，揭露投降派的丑恶嘴脸，表达广大人民反内战、争取抗战胜利的愿望；新中国成立后，又有剧本《蔡文姬》、《武则天》等历史剧诞生。1978年在北京逝世。

一代文豪也会有才思暂时枯竭之时，郭沫若就有这样一个叹服一字之师的故事，充分地体现了这位大文学家虚心求教、不耻下问的精神。

那是1942年初夏的一个夜晚，山城重庆的一家剧院正在演出郭沫若的新编历史剧《屈原》。山城人民不顾重庆火炉般火热的天气，争相目睹楚国大夫"屈原"在舞台上的风姿，舞台上屈原的遭遇、屈原不平的呐喊，引起了台下观众的阵阵共鸣，让观众心里掀起了层层波涛。

有一天，郭沫若来到正准备演出的后台，找到了扮演婵娟的演员张瑞芳，商量修改剧本中的一些台词。郭沫若看过演出，总觉得婵娟痛斥宋玉的一段台词中，有一句显得不够有力，要作一点改动。

郭沫若笑着说："你演得不错，很有激情嘛！就是痛骂宋玉的一句：'你是没有骨气的文人！'似乎还不够味。"张瑞芳也有相同的感觉，便当着郭沫若一遍又一遍地练习起来。郭沫若提议，在"没有骨气"后边再加上"无耻的"三个字，看一看能不能使语气变得更强烈一点。

张瑞芳立即加上这三个字，又采用各种姿势、各种语气重复了几次："宋玉，我特别恨你……你是没有骨气的无耻的文人！可是，无论如何，张瑞芳自己也总觉得还不过瘾。她回头看郭沫若，郭沫若也皱着眉头直摇头。怎么办？郭沫若劝她："别着急，问题不在你的表演，我觉得是台词本身不够味，让我再想想。"

郭沫若似乎有点为难，他走近窗户，看着窗外，夕阳下，石榴花正火红地开放着，一时间，大文豪也有语言阻塞的时候。他长久地陷入了沉思之中。

"这样改行不行。"忽然有人说了一句，大家回过头去，只见演渔夫的张逸生化了一半装，正热切地望着郭沫若。他停了停，才接着说下去："把'你是'改成'你这'，味道会不会好上一点？"

郭沫若一听，心头突然一亮。"你这没有骨气的无耻的文人！好！好！"他立刻要张瑞芳按这种办法修改台词，当场练习一下，看一看效果是不是好一点。

张瑞芳立刻饱含感情，大声地把新台词念了一遍，她立即眉飞色舞："太好了，这一下，婵娟的感情就能够充分地表达出来了，我今天就按这句子演出！"

屋里响起一阵掌声。郭沫若不住地点着头，回头对张逸生说："你这个字改得好！原来说'你是'，只是一般的陈述句；现在改成'你这'，变成了语气强烈的判断，显得斩钉截铁，更加显示出婵娟对投降后的宋玉的憎恨。是应该这么改，才能表达出我们对古代的、现在的、一切形形色色的投降派的愤恨，大家说，是不是呀？"

一阵欢笑声过后，郭沫若拍了拍张逸生的肩膀："你这一改，比原来那句有味道多了，你真是我的一字师呀！"

·革命作家茅盾·

茅盾原名沈德鸿，字雁冰，1896年出生于浙江桐乡一个医生家庭。他是中国五四新文学运动的先驱者之一，20世纪30年代初创作了《子夜》、《春蚕》、《林家铺子》等闻名中外的小说，这些小说，深刻地反映了那个时代种种矛盾冲突，展开了一幅当时中国社会的画卷。新中国成立后，他历任政府部门负责人，1981年因病逝世。

20世纪30年代，茅盾在主持左翼作家联盟工作的同时，创作了大量作品，《子夜》是最著名的一部，它反映了大都市资产阶级生活，也反映了乡镇农民和都市工人的生活，反映出错综复杂的社会生活，塑造出像吴荪甫这样的栩栩如生的艺术形象，在中国现代文学史上，它是一部里程碑式的作品。

而短篇小说《春蚕》，与《秋收》和《残冬》合称"农村三部曲"，写出了老通宝这样一个传统式的中国农民形象，用他的奋斗和失败，指出了中国农村必然要发生的变化。至于《林家铺子》，则是20世纪30年代城镇商业凋敝的写照。这样，茅盾就从三个侧面反映出半封建半殖民地的中国社会面貌，给后人留下了一幅历史性的画卷。

1937年，抗日战争爆发了，抗日民族统一战线成立，茅盾积极地参加了文艺界的抗日斗争。1938年，他应邀到新疆学院讲学，当时，新疆是中国坚持抗战的地区之一，而且是一条向外寻找支持的通道。到新疆之后，茅盾担任了"新疆各族文化协会联合会"的主席。

开始的时候，新疆确实是一个抗日的基地，各项抗战工作也进行得有条不紊。但是，后来国民党内的顽固分子，改变了抗日的立场，又与中国共产党搞起了摩擦，新疆的形势一天比一天恶劣。国民党甚至杀害了当时省政府的财政部部长、共产党员毛泽民。新疆督办兼省长盛世才的反动嘴脸暴露无遗。为了保存抗日战线的实力，茅盾只得撤离了新疆，回到重庆。

撤往重庆的路上，茅盾第二次经过陕甘宁边区，他发觉比上次去新疆时，这里已经有了非常大的变化，中国的真正希望已经在这里诞生，除了在延安作了讲学之外，他还构思着，如何通过文学，反映这一地区欣欣向荣的景象。

由于跟抗日前线的接触还不够深入，茅盾这一次采用的文学手法是散文形式。在《见闻杂记》和《时间的记录》等散文集中，以《白杨礼赞》、《风景谈》两个姊妹篇为代表，茅盾深情地歌颂了抗日民主根据地军民高昂的革命意志和欣欣向荣的社会面貌。

在《白杨礼赞》里，茅盾采取的是象征手法，用白杨象征抗日军民的伟岸挺拔，而在《风景谈》中，则以几幅画面的描述，直接歌颂了抗日民主根据地的军民高昂的革命意志和崇高的道德品质，赞颂抗日军民所创造的"风景"，才是伟大之中最伟大者。优美的文字，诗情画意使这两篇散文迅速在读者中流传，成为现代文学中散文的代表作品。

过了一年，在重庆的茅盾经历了抗日战争中最黑暗的岁月。1941年，皖南事变爆发，在全国人民愤怒的抗议怒潮里，茅盾拿起笔投入了战斗。凭着他长年在白区的生活体验，写出了以皖南事变为背景，揭露国民党特务统治的长篇小说《腐蚀》。

无论是在西出新疆的两年，还是在白区重庆，茅盾都站在抗日斗争的最前沿。或歌颂或揭露，用自己的笔为民族而战，尽了一位革命作家的历史职责。

·灼灼红烛照后人·

闻一多，是我国现代文学史上著名的诗人、学者、坚强的民主斗士。他1899年出生于湖北浠水的一个书香门第，年轻时即显示出强烈的爱国热情。他虽然去大洋彼岸学美术，却很快步入诗坛，写了许多脍炙人口的好诗。1946年，在昆明参加李公朴追悼会后，回家途中遭国民党特务暗杀身亡。

抗战前夕，闻一多在清华大学任教时，已经是名扬海内的诗人兼学者。他的第一部诗集《红烛》，就以红烛自喻，宁愿牺牲自己，为他人造福，为祖国奉献一生。他的第二部诗集《死水》，题材广阔，思想深沉，技巧也有较大进步，爱国主义热情更加炽烈，是闻一多诗歌的代表作品。另外，他在教书的同时，致力于对中国古典诗歌的研究。他的论文治学严谨，见解深刻，在学术上很有价值。

抗日战争爆发了，清华大学与北大、南开合办中国临时大学。但不久，临时大学所在地湖南长沙也面临战祸，不得不迁往云南昆明。闻一多同200多名师生步行入滇，长途跋涉，历尽艰难，才到达昆明，在这里，闻一多度过了8年艰苦岁月。

8年之中，闻一多不仅眼看山河破碎，人民苦难深重，还看到国民党腐败无能，只搞独裁的罪行。他勇敢地投入了西南联大的民主运动，成为民主同盟的中央执行委员，还担任民主周刊社的社长。

1945年，抗战取得了胜利。8年来，为了表示自己不忘国耻，闻一多一直留着长须。这时候，他兴奋地剃去了那长长的胡须。它标志着一个新的闻一多，一个新的中国将出现在新的时代，闻一多跟全国人民一样，对未来充满着希望和信心。

但是，人们的喜悦没能维持多久，这一年的12月1日，便发生了沙坪坝惨案。惨案发生之后，闻一多在被害的烈士墓前宣誓，我们一定要为烈士复仇，追拿凶手。今天追不到，明天追；一代人追不着，下一代接着追！

许多民主战士在斗争中成长，但是他们一个个被列入国民党特务的黑名单，成为暗杀的对象。1946年7月，民主同盟的中央委员李公朴被暗杀在家中。又一次惨案让闻一多怒不可遏，他挺身而出，再一次把矛头对准特务统治，大声疾呼，要民主自由，结束黑暗统治。

许多好心人劝闻一多，由于他在前一阶段针锋相对的态度，国民党特务很可能也盯上了他，这时候，他不宜再继续露面，否则，恼羞成怒的特务也会向他施毒手，应该保持高度警惕，保存自己作更长期的斗争。

但是，闻一多毫不畏惧，他不顾个人安危，出席并主持了李公朴的追悼大会。会上，他拍案而起，指着混杂有特务的人群，大声呵斥：在下面，今天可能有特务，有种的，你们就开枪！他愤怒地作了后来被称为《最后一次讲演》的大会发言，然后离开了会场。

1946年7月15日下午，闻一多在参加追悼李公朴大会后，返回自己的住处去。就在他走到离住所只有十步之遥的街头，既为他的义正词严吓得胆战心惊，又丧心病狂的国民党特务，扣动了罪恶的扳机，闻一多倒在了血泊之中。

六天之后，中国共产党便向追悼会发了唁电，周恩来在悼词中表示了对这位民主战士的尊敬，在《别了，司徒雷登》一文中，毛泽东更高度评价了这位伟人："闻一多拍案而起，横眉冷对国民党的手枪，宁可倒下，不愿屈服。"闻一多就像燃烧自己、照亮别人的红烛，永远活在人们心中。

·秋风秋雨愁煞人·

秋瑾是中国第一位献身于资产阶级民主革命的女烈士、女诗人。她1875年出生在浙江绍兴，1904年，已有两个孩子的她冲破重重阻难，只身来到日本留学，希望在经过明治维新日益强大的国度找到救中国的真理。1906年，因抗议日本政府颁布《清国留日学生取缔规则》，已参加同盟会的秋瑾被迫回国，继续进行革命活动。她曾任绍兴大通学堂监督，秘密组织光复军。1907年阴历六月五日被清政府逮捕，次日晨被杀害在绍兴轩亭口，她留下许多激昂慷慨的诗词，是女性诗人中难得的一位。

1907年，绍兴大通学堂办得欣欣向荣，许多有志于革命事业的青年投奔到鉴湖女侠秋瑾门下，他们一边读书，一边秘密操练，准备武装起义。秋瑾在省内联络金华、兰溪等地的革命党人，准备在浙江起义。在外省，又与安徽的光复会会员徐锡麟联系，计划在两省同时发动反清起义。

就在这个时候，从安徽传来不幸的消息：安徽的会党之中，有人被安徽巡抚恩铭逮捕。以在巡抚府担任官职作掩护的徐锡麟发觉自己即将暴露，他只得在安庆提前行动，只身闯入巡抚府内，刺杀了恩铭。徐锡麟被恩铭的亲兵所杀。安庆起义失败了。

消息传到浙江，秋瑾十分悲痛。她想起了与徐锡麟在日本一齐参加光复会与同盟会时填的一首《鹧鸪天》词："祖国沉沦感不禁，闲来海外觅知音。金瓯已缺总须补，为国牺牲敢惜身！嗟险阻，叹飘零，关山万里作雄行。休言女子非英物，夜夜龙泉壁上鸣！"当时友人听后无不动容，想不到他壮志未酬身先亡。

　　这时候，清政府开始四处捕人，只要与徐锡麟有关的人员，都要追查逮捕。局势是如此紧迫，好多人都劝秋瑾，身为徐锡麟的同学，清政府的迫害是迟早之事，不如到别处先躲避一下，以后再返回大通学堂继续组织力量。

　　生与死，本就在一念之间。秋瑾却早已立下决心，坚持斗争，准备用自己的生命换取民族的觉悟、国家的新生。她接到好友徐双韵的信后，立即寄去一首《绝命诗》："不须三尺孤坟，中国已无干净土。好持一杯酒，他年共唱革命歌。虽死犹生，牺牲尽我责任。即此永别，风潮取彼头颅。壮志犹虚，雄心未涉，中原回首肠堪断！"鉴湖女侠已经下了为革命事业献身的决心。

　　意料之中的事终于发生了。清兵包围了大通学堂，他们发觉了秋瑾与徐锡麟的关系，要前来捉拿她。大家都劝秋瑾先行撤退，但是，秋瑾却选择了最后一个撤退。她让一部分人先撤走，自己却带着几个青年断后。枪声响了起来，然后又进行了搏斗。秋瑾等人终因寡不敌众，被清兵捕获。

　　清兵在大通学堂查获了一些文告、日记和书信。原以为可以从一个女革命党口中挖出秘密，把浙江的复兴会党一网打尽。秋瑾却镇静地承认，那些东西都是自己所作，别人一概不知，至于革命党的秘密，她绝不会吐露一个字。

　　知府贵福亲自来审讯。他问秋瑾，有哪些人到大通学堂来过？秋瑾轻蔑地一笑，反问他："常来的不就是知府大人你吗？你跟我们一起照过相，写过对联，这一切大人难道全部都忘却了吗？"吓得贵福不敢再审，一溜烟走了。

　　阴历六月六日，绍兴下着淅淅沥沥的秋雨，贵福不敢再审秋瑾，也不敢再留秋瑾，派山阴知县最后一次提审她，秋瑾拿过知县要她写供状的纸笔，在纸上写了一行字："秋风秋雨愁煞人！"掷下手中的笔，慷慨地踏上了刑场。

·古希腊诗人赫西奥德·

　　赫西奥德是古希腊著名的诗人，大约在公元前8世纪末至公元前7世纪初在世，生于希腊半岛比奥细亚境内赫利孔山附近的小村阿斯克拉。他的长诗《工作与时日》是流传至今的古希腊第一首以现实生活为题材的诗作，当时曾作为学校的教材使用，并用金属板刻下，放在赫利孔山下，让人阅读和评论，可见他在当时地位的尊崇。

　　赫西奥德的祖籍并非在希腊，而是在小亚细亚的库墨，他父亲名叫狄俄斯，是个商人，经常冒着生命危险，往来于海上，从事希腊与小亚细亚之间的贸易。可惜他父亲的发财梦并没有完全实现，便只得移居到阿斯克拉。在那里，狄俄斯算是个富有的人了。

　　不久，狄俄斯死了。他的财产便留给了两个儿子，大儿子便是赫西奥德。赫西奥德的弟弟叫佩尔塞斯。这位佩尔塞斯自小倚仗父亲疼爱，一向既贪婪，又游手好闲，无所事事，而且还是个不讲兄弟情义的家伙。在分割财产的时候，佩尔塞斯向村里的部落首领巴赛勒斯行贿，答应把争得的遗产分一部分给他，并保证分得多便给他多一点。

　　巴赛勒斯出于自身的利益，居然把几乎全部财产都分割给了佩尔塞斯，只留下一些土地和房屋归赫西奥德所有。赫西奥德他们是外乡人，要申辩也没有场合，只能忍气吞声，眼看着自己应该得到的财产落入部落首领和不争气的弟弟手中。他从此变得一贫如洗，连生活都没有着落。

　　好在赫西奥德从小就参加过田间劳动，掌握了农业生产的许多技术，虽然没有财产，也不至于饥饿至死。他年复一年地勤劳耕地、播种、收割，采摘葡萄，靠自己的劳动摆脱了困境。还积累了一些财产，过上了小康的生活，成为村里人人景仰的劳动好手。

闯过生活一关，赫西奥德开始留心文学创作，取得了一些成就。于是，他渡海去优卑亚的卡尔基斯，作为歌手去参加赛歌会。那一次赛歌会是为了纪念安菲达马斯。赫西奥德一路闯关，在赛歌会上获奖，奖品是一只带耳的三脚青铜鼎，他的声名立刻在远近传播开了。

回到阿斯克拉，赫西奥德开始进行诗歌创作。常言道：诗言志。赫西奥德最难忘的当然是自己亲身经历的那段日子，于是他写了长达800多行的长诗《工作与时日》。

这首诗并没有故事情节，写的都是见长对弟弟的教训。他认为，世间的生活已经一代不如一代，连天神也看到了这一点，虽然普罗米修斯把天火偷给了人类，仍旧解决不了问题，于是他们想法帮助人类。

宙斯让匠神赫淮斯托斯用泥土照女神形象造了一个女子潘多拉，让她带着一个匣子来到人间。路上潘多拉抑制不住好奇，私自打开了匣子，结果匣子里的疾病和灾难一下子飞散到人间各地，她吓得赶快盖上匣子，结果把希望关在了里边。

怎么才能改变这种状况呢？赫西奥德认为人应该努力劳动，过正当的生活。他给弟弟忠告并教弟弟应该在什么时候耕种，什么时候收割，什么时候航海，如何掌管好一个家庭的收支。他的诗千言万语，只有一个中心意思：劳动是生活和财富的源泉，是正当生活的基础。

正因为如此，《工作与时日》才会在当时广为流传，才成为今日研究古希腊经济生活和社会关系的不可多得的宝贵资料。赫西奥德也成为古希腊著名的诗人。

·阿普列尤斯与《变形记》·

鲁齐乌斯·阿普列尤斯是古罗马时期的著名作家。他的出生地是北非的马达乌拉城，大约生于公元124或125年，家境相当富裕，因而能在迦太基、希腊、罗马等地求学和深造。他写的《变形记》是古罗马时代的名著，也是流传至今惟一的一本完整的古罗马小说。

30多岁的时候，阿普列尤斯结识了一位雅典的寡妇普顿提拉。他俩一见钟情，很快堕入爱河。不料这一桩婚事却给阿普列尤斯招来了极大麻烦，险些让他命丧异乡他国，无法回到自己的家乡。

普顿提拉是个很有钱的寡妇，她还有一群对她财产垂涎欲滴的亲戚。当阿普列尤斯这位年轻貌美、富有教养的外乡人频频出入普顿提拉家的时候，她的那些贪心的亲戚立刻警觉起来，千方百计破坏这桩婚事。当他们无法离间这对恋人的时候，便设计了一套奸计，想置阿普列尤斯于死地。

他们唆使普顿提拉的小儿子，那个只有10岁左右的孩子，出面指控这个外乡人，说阿普列尤斯身怀妖术，施展魔法，迫使普顿提拉同他结婚。这些编造得活灵活现的情节，从一个还属无知的孩子口中说出来，确实能够迷惑一些既迷信又不明真相的外人。

那时候的风尚还没有开化，法律中也有涉及妖术惑众罪行的条款。假如指控一旦成立，施展魔法的人就会被视为妖孽，就会当众受到围观群众的攻击，还要加上严厉的惩处，轻则关押、游街示众，然后逐出雅典，重则会被当场处死。

对于阿普列尤斯这样一位"来历不明"的外乡人来说，他的遭遇很可能便是死于不明事态的围攻人群之手，执行私刑的人，绝不会心慈手软，也不必负任何法律责任。

好在阿普列尤斯并不是个等闲之辈。他口才极佳，在法庭上进行了出色的自我辩护，一方面体现出他对无知孩童深深的爱意，因为孩子马上便要成为他的家人，另一方面他又逐条驳倒了别人教唆给孩子的种种不实之词，控告被当庭否决。他终于带着普顿提拉回到了家乡迦太基，从此定居在那里。后来还成为那里的最高祭司——罗马在当地的官方代表。

阿普列尤斯生活的时代，小说盛行。他在晚年也写过一些，流传下来的便是《变形记》。

这部小说写的是希腊青年卢齐乌斯年轻好奇，一心想掌握魔法，结果敷错了药膏，变成了一头驴。当天晚上，变成驴的卢齐乌斯又被强盗抢走，从此身不由己，从一个主人手中转卖到另一个主人那儿，受尽折磨，好几次险些丧命。最后才在埃及女神的帮助下恢复了人形。

《变形记》看来是本世俗小说。但是，以卢齐乌斯变驴后的遭遇为线索，展示了罗马时代外省生活的场景。书中写了为生活所迫不得不打家劫舍的绿林好汉；貌似虔诚却卑鄙无耻的云游僧人；伤害人命、强夺别人财产的贵族地主；以及一贫如洗、劳累不堪的劳动者。小说客观地揭露了当时社会的不平等现象。

《变形记》里还有一些来自民间的神话或生活故事，最出名的当推小爱神丘比特和公主普赛克的故事。写维纳斯因妒忌普赛克的美貌，派儿子丘比特去施以惩罚，却促成了两人的婚姻。作为人的普赛克和作为神的丘比特结合的结果，是标志欢乐的儿子的诞生。

《变形记》里的故事，成为许多欧洲作家和艺术家日后创作的题材；另一些故事，也对文艺复兴时期薄迦丘的创作产生过重大的影响。《变形记》是一本影响十分深远的文学作品。

·波斯文学奠基人鲁达基·

鲁达基是波斯文学的奠基人，他于公元858年出生在塔吉克斯坦的鲁达克村，正因为此，塔吉克人也把他誉为自己民族古典文学的始祖。他以丰富多彩的诗歌、充满智慧的箴言和警句，影响着他同时代的人，对以后的波斯语文字，产生过深远的影响。公元941年他因宫廷斗争被黜，双眼失明，死于家乡。

鲁达基出生在一个贫苦农民的家庭，幼年时他便表现出过人的聪慧，8岁会写诗，还背得全《古兰经》经文。稍大些又精通了音乐，成为当地最出色的歌手。因此，神童的名声，很快传出鲁达克村，传遍了整个扎拉夫桑河流域，连布哈拉和萨马尔罕这些大地方都知道有鲁达基这个人。

当时，中亚细亚和波斯一带属于萨曼王朝统治的地方。这里是连接东西方丝绸之路必经的要道口，又是一个政治、经济、文化的中心地区。萨曼王朝的统治者纳塞尔二世登基之后，为了表示自己是位开明的君主，就把鲁达基召进宫内当宫廷诗人。

当时鲁达基已经50多岁了。以前一直生活在农村，一边劳动，一边写诗，现在进了王宫，地位提高了，但一辈子培养出来的爱好自由的思想习惯却没办法改变，他一直对宫廷的奢侈淫逸抱着敬而远之的态度，只管写自己的诗。他的诗据说十分丰富，有长诗《辛巴德》，还有根据印度故事改写成的长诗《卡里来和笛木乃》，长达12000组两行诗。

他在诗中，宣传人必须学习，他说："没有比学问更美好的宝库，当可能的时候，你应该珍视、采藏它。"他还认为劳动才是创造一切的源泉，他甚至说："当你已经享用最高的幸福，你不该搁起双手闲坐，你还应不停地劳作。"

所以，鲁达基在宫廷里绝对不是个只管歌功颂德的诗人。他常常以自己的诗，劝谏纳塞尔二世。他自己也谨守伊斯兰教规，以身作则，所以在国内影响很大。

但是，单靠一个贤人，无论如何是没有办法改变现实的，品德高尚的人常常会招来嫉妒，鲁达基也不能例外。公元937年，纳塞尔二世的首相巴拉米遭人谗言暗算，被国王撤了职。鲁达基一向跟巴拉米关系密切，他毫不畏惧，站出来替首相辩护，请求纳塞尔二世收回成命。

他的直言进谏遭到了反首相阵营的猛烈攻击。他不仅因为跟巴拉米的关系受牵连而获罪，有人还在纳塞尔二世前告他一状，说他参与了卡尔马特教派的"叛乱"，理当问罪处死。

已经79岁的鲁达基终于因为宫廷的争斗被驱逐出宫，他的全部家产均被没收，他自己也遭到严厉的惩处，被剜去双眼，驱赶回自己的家乡鲁达克村，过着孤苦而黑暗的悲惨生活。

作为一位具有自由思想的诗人，鲁达基即使遇到这样的不幸，还时常表现出乐观主义的态度，他在《老年颂》里这样总结自己的一生："我把自己的心变成了诗歌的宝库，我的标记，我的烙印——就是我朴素的诗歌。"确实，传说中的鲁达基曾写了100多万行诗歌，那便是他替自己构建的纪念碑。

四年的灾难般的黑暗世界的生涯过去了，鲁达基去世后被故乡村民就地埋葬。后来，13世纪时，成吉思汗的子孙横扫丝绸之路沿线时，当地的文化、建筑遭到极大的破坏，鲁达基的诗大量流失，只剩下1000多首两行诗流传至今，即使这小小的一部分，也可以看出这位农民出身的诗人的杰出才华。

·阿拉伯儒侠穆太纳比·

　　艾布·穆太纳比是阿拉伯古代文化的重要代表人物。他公元915年生于文化名城库法，据说他自小聪慧好学，性格豪放，剑术和骑术都很出色。他的诗个性突出，有《荣誉归不可辱者》、《行动取于决心》、《志高凌人》等。他于公元965年去世，所写诗作对一代代阿拉伯文学家产生过十分重大的影响。

　　公元925年，穆太纳比才10岁，波斯人南侵，占领了库法城。他跟随父亲出逃，来到沙漠中贝都因人居住的地域。当时的阿拉伯帝国已逐渐解体，外族入侵不断，内部四分五裂，诸王割据，纷争不绝。生逢乱世，穆太纳比从小就立大志，决心用自己的聪明才智乃至用宝剑建立功名。

　　公元930年，贝都因人居住的沙漠地区突然传出一个信息，说先知已经降临人世，传达真主的旨意，当今世界已无可救药，必须跟随先知，推翻腐败的朝廷，重新建立起强大的阿拉伯王国，把波斯人赶出去。据说，先知虽然只有十几岁，但他语出惊人，能歌善战，实在是几百年一遇的天才。

　　由于"先知"在沙漠四周到处行吟，鼓动百姓，当地的政府花了一年多才找到他的踪迹，把他关进了监狱，过了两年才把他放出来，并且宣布他是个"穆太纳比"，意思是假冒先知的人，于是，这位青年人索性自称穆太纳比，继续在叙利亚、伊拉克所在的区域，当一位行吟诗人，一点不把政府给他的称号当成是羞辱。

　　这个时期，穆太纳比写下了大量阿拉伯题材的诗歌，有赞颂，有讽喻，有抒情，有格言。他苦于自己的抱负无法实现，便愤世嫉俗，对社会进行无情的抨击，他说："友爱都是欺诈，宗教等于虚伪。""巍巍权贵不如狗，赫赫勇将怯如猴。"在《荣誉归不可辱者》中说："不要活着得不到赞扬，不要死后即刻被遗忘；追求荣耀，哪怕进地狱，抛弃屈辱，即使在天堂。"

穆太纳比这种兴致所至、任性遨游、行吟诗人的日子过了十几年，直到33岁时才结束。公元948年，他行吟到叙利亚北部哈姆达尼王国，结识了当地割据一方的阿拉伯王子赛福道莱。这位王子重视笼络人才，并多次抵抗拜占庭人的入侵，见到穆太纳比，立即延为上宾，请他住入宫内，跟他讨论抗敌复国大计。

穆太纳比在赛福道莱身上看到了自己的希望，便在阿勒坡城住下来。他在王宫里行吟，而且坐着吟诵，从不行叩吻大礼，把自己摆在与国王平等的位置上。他参与王国抗敌大政，深得赛福道莱信任。他跟随赛福道莱出征，上马杀敌，下马行吟，在小亚细亚的哈德斯战役中建功立业。大军渡过塞米尼湖，打败拜占庭人，又追击到艾斯纳斯河，占领塔勒·巴勒拉克城。回军之后，他把这段经历写成长诗《行动取于决心》，字里行间，洋溢着民族圣战的英武气概，具有史诗般的宏大规模，在整个阿拉伯诗歌中是绝无仅有的。

穆太纳比在阿勒坡一共住了9年，这9年是他一生中最为得意的日子，最能体现他的儒侠本色，也在一定程度上实现了自己建功立业的理想，他的一些光辉的诗作，也在这个时期诞生。

但是，赛福道莱的宠信却招来了其他宫廷诗人的妒忌，他们在赛福道莱面前百般谗毁穆太纳比。赛福道莱毕竟是位阿拉伯贵族，他在取得一些声名后开始骄傲起来，对穆太纳比逐渐疏远。最后，穆太纳比终于愤然离去。

·被放逐的诗人但丁·

但丁·阿利格里是中世纪最伟大的诗人，也是新时代最初的一位诗人。他1265年出生在意大利佛罗伦萨一个破落贵族家庭，年轻时因反对罗马教皇的统治，被逐出佛罗伦萨，过了近20年流亡生活，写出了长达14000余行的诗《神曲》。1321年，他在腊万纳去世。

13世纪末，佛罗伦萨是意大利手工业的中心，那里的银行，掌握着整个西欧工商业的命脉。城市里，明显地分成两大集团：贵族和市民的上层属于保守的黑党，他们支持罗马教皇对城市的控制；而中小市民却组成了白党，要求城市完全独立和自由。但丁虽然出身贵族，却坚定地站在代表进步势力的白党一边，并成为白党的领袖之一，参加了市民的组织医师公会。

佛罗伦萨的繁荣始终是教皇眼里的一块肥肉，它的自由民主风气也是教皇心头的隐痛，教皇始终觊觎着这个州，想夺取佛罗伦萨的直接统治权。1300年，教皇抓住机会，要佛罗伦萨市政委员会通过决议，把统治权交给教皇。

市政委员会里，黑白两党的委员立即爆发了激烈的冲突。当时，但丁已经由医师公会推举，成为市最高行政会议会的执行官员，他是反对教皇控制市政最激烈的一个。黑白两方，势均力敌，谁也无法取得胜利。

这时候，传来一个消息，说教皇已经指派法兰西国王的弟弟到佛罗伦萨进行调停，而且还带来大批法国士兵，正翻过阿尔卑斯山，往佛罗伦萨进发。全城百姓听了，顿时大哗。白党认为这是外兵入侵，立即派出代表赴罗马，跟教皇谈判，要他收回成命，阻止外兵进入意大利。代表之一，就有但丁。

但丁他们还在罗马跟教皇商谈，法兰西国王的弟弟却带着兵进了佛罗伦萨，他立即逮捕杀害了白党首领，放逐其他反对黑党的人，扶植黑党，组织起专制政权。佛罗伦萨的自由民主风气一下子被扼杀，整个城市立即听命于教皇，这对当时整个欧洲的反封建斗争，都带来了巨大的挫折。

在罗马，跟但丁他们敷衍的教皇这时候也立即撕破了脸皮，扣押了代表团，随即宣布放逐但丁这一批谈判者，规定他们终身不得返回自己的国家。虽然事后但丁两次想方设法，要推翻黑党的统治，但终因力量太弱，没有成功，他只能居住到意大利北方的腊万纳，度过了近20年流亡的痛苦岁月。

回国无望之后，但丁只得把精力集中到自己的创作《神曲》上。这首长诗，他早已在心里构思很久了，原来是想献给自己儿时心中的偶像贝雅特丽齐的。贝雅特丽齐24岁便去世了，从那时起，但丁就想写一首诗献给她。

但是，年近不惑的但丁，早已不是当年的小伙子了，他这时候写《神曲》，已经与初衷不同，作品中渗入了许多政治观点，反映出自己对现实制度的不满。《神曲》也因此成为文艺复兴早期最杰出的代表作品。

《神曲》写的是作者经历地狱、炼狱、天堂的经过。在地狱里，他见到了已死的教皇尼古拉三世，以及还在世的卜尼法斯八世，他们都因为在人世间所犯的罪而堕入地狱。这些凶手倒栽在地狱的洞里，只有双腿在剧烈扭动挣扎，让诗人十分痛快："真是罪有应得！你们在世上把善良的人踩在脚下，你们永远受罪吧！"经过炼狱，最后，贝雅特丽齐带领诗人进入了天堂，那里才是人类最理想的境界。

《神曲》用隐喻和象征的手法，无情地批判中世纪封建社会的罪恶，公开谴责了教皇，也表达了人类对智慧和理想的追求。《神曲》的问世，代表着新文化的萌芽正在破土而出。

·薄伽丘与《十日谈》·

薄伽丘，1313年生于巴黎，他的父亲是意大利人，母亲是法国人，他出生不久，母亲就去世了，于是父亲把他带回了意大利的佛罗伦萨。那里的民主风气比较浓厚，所以薄伽丘自小就向往民主自由，对黑暗的教会统治十分不满。他的《十日谈》就充溢着这种民主精神。《十日谈》是中世纪末期最杰出的小说，堪与但丁的诗《神曲》媲美。

薄伽丘自小勤奋好学，7岁时就学写诗，27岁时从那不勒斯学成回到佛罗伦萨参加政治活动，他坚定地支持共和政权，反对封建专制，多次奉命去办理外交事务，他都出色地完成了共和国赋予的重大任务。

1351年，薄伽丘奉命去请回曾被流放的意大利民主诗人彼特拉克，这是共和政权中民主派斗争的成果，薄伽丘本人也坚持要请回彼特拉克，并出了很大的力。这次任务当然是他十分愿意去办的乐事。

见面之后，两位民主战士相见恨晚，各自诉说自己的思想。两个人觉得双方的观点始终一致，真是志同道合。两人建立了深厚的友谊，这种友谊一直延续到他们生命的终点。

1348年，佛罗伦萨曾经发生过一场可怕的瘟疫。仅仅四个月，城内就死了10万人。全城坟场遍地，城外尸骨遍野，真是惨不忍睹。这场惨祸在薄伽丘心里的印象太深刻了，所以到1360年左右，他写短篇小说集《十日谈》的时候，自然而然想起了那场灾难，便把它改编成整个故事集的结构线索。

《十日谈》是一个有故事结构的短篇小说集。写的是佛罗伦萨瘟疫期间，7个满心忧虑的年轻女郎离开城市，到郊外躲避瘟疫，路上遇上了3位男青年，10个人一同来到一座庄园住下。

每一天，他们都要选一个"王"或者"后"，大家都当"臣下"。每人每天讲一个故事，10天下来，一共讲了100个故事，所以这个故事集就叫做"十日谈"。躲过灾难以后，这些青年男女才各奔前程，回到自己原住的地方去。

100个故事中间，有许多是民间的传说故事，也有一些是前人著作里的情节，更多的是薄伽丘的创作，中间有许多故事是揭露当时封建专制和教会的黑暗的。

其中第一天的第二个故事，写犹太教徒亚拉伯罕为了决定要不要加入基督教，到罗马实地观察了一趟，得到的结论是："那些人坏到不可再坏的地步，应该得到惩罚，一个也不能饶恕。"但是，他最终也无法不入教，还取了个十分光彩的教名：约翰。

第四天的故事中，是个青年人追求自由的故事。萨莱诺唐克烈亲王的女儿爱上了仆人纪斯卡多，为了争取幸福，他们宁愿牺牲性命。当纪斯卡多被唐克烈剖心而死时，郡主也服毒自杀，以身殉情。临死时只有一个要求，死后跟纪斯卡多同葬一穴。

薄伽丘大胆的揭露和强烈的追求，势必遭到封建专制和教会的迫害。他们下令薄伽丘从此不许再写小说，薄伽丘只得停下笔来，专门从事文艺评论的写作。就是这样，教会还不肯放过他。1362年，基督教会派人到佛罗伦萨，当众对薄伽丘进行威胁和咒骂，薄伽丘被逼得无路可走，甚至想把自己所有的著作都付之一炬，包括《十日谈》在内。

听到这个消息，彼特拉克赶快跑来相劝。他以自己被放逐的事例，劝薄伽丘不必为此事伤感，是非曲直，历史自会有公论。听了彼特拉克的劝说，薄伽丘才没有烧掉自己的著作。

后来，1374年彼特拉克逝世，薄伽丘精神受到了极大打击。第二年，他也在贫困和孤独之中，凄然地离开了人世。

·拉伯雷与《巨人传》·

弗朗索瓦·拉伯雷1494年诞生在法国中部一个律师家庭里,十几岁被送进修道院学习,成为一名修士。但是,修道院的清规戒律让他十分反感,他一连换了几个修道院都无法适应,便以神甫身份周游法国。1532年,他用化名出版了著名的小说《巨人传》第一卷。这本书风靡一时,两个月的销量就超过9年内《圣经》销售数的总和,但他也因此屡遭迫害。1553午,拉伯雷在巴黎逝世。

1532年8月,在法国里昂的书店里,突然出现一本非常奇特的小说,书名叫《庞大固埃传奇》,作者的名字叫西埃。第二年,西埃又出版了这本书的前传,名叫《高康大》,因两本书写的都是一个巨人,所以两本书都改叫《巨人传》,《高康大》写他的童年,变成了第一部。

小说写了一个国王的儿子,刚出生便会大声吆喝:"喝!喝!喝呀!"那声音响如洪钟,人们便给孩子起了个诨名"高康大",意思是"好大的喉咙"。高康大越长越大,长成个巨人,却因为旧式的教育,几乎变成了一个傻瓜。幸亏有位新教师采用正确的方法进行教育,让他学科学,进行各种体育活动,还开了一帖药打去高康大头脑里的旧渣滓,他才得以成为一位开明的太子。

后来,外敌入侵,高康大在约翰修士的帮助下取得了胜利。他答应划一块地给约翰,让他建立一个没有门没有围墙的修道院。院里的修士可以随心所欲,各行其是,听凭自己的喜爱学习和活动,以及男耕女织,也可以自由离开,简直就是一个自由民主的理想世界。

像这样的书,当然会受到市民阶层和社会下层百姓的热烈欢迎。

但是，它对旧式教育的批判，对教会的无情鞭挞遭到了贵族和教会的仇视。没过多久，他们便查清了，那位作者西埃，便是从修道院出逃，又进学校求学，仅花了两个月，就取得行医资格的拉伯雷，他这时正在里昂当医生，生意还不错。

巴黎的法院觉得没有办法去干涉拉伯雷行医，但是他们却有权判决拉伯雷的著作。于是，他们在两本书出版后不久，便作出了宣判，判决这两部小说为禁书，禁止再版，禁止出售和流传，《巨人传》第一次遭禁。

拉伯雷的《巨人传》还没写完，他可不愿停止自己的斗争。于是很快写完了《巨人传》的第三部，并想方设法，争取到法国国王的允许，颁发了特许证。拉伯雷为了保险，还在书的扉页上添了一首献给王后的诗，并且索性用了真名出版。

没过多久，法国国王去世了。教会和贵族们看见拉伯雷失去了靠山，便又群起而攻之。因为国王应允在先，他们便动用了巴黎议会，经过巴黎议会的裁决，小说再一次被宣布为禁书。那位出版《巨人传》的商人被判死刑，按宗教裁判所的命令，当众烧死。拉伯雷被迫逃往国外，过着流浪生活。

直到1550年，新国王生了个儿子，朋友们见有了转机，叫拉伯雷写了首贺诗，新国王这才开恩批准他回到法国居住。

回国后，拉伯雷不得不重操旧业，回到宗教界，担任一个小教堂的神甫。不过，他执行的任务只是替穷人治病，在学校教书。

生活比较安定之后，拉伯雷集中精力，从事《巨人传》后两部的创作，前后经过20年，他才把五部小说《巨人传》全都写完。1553年，拉伯雷病重了，临终时，他还用他那种特有的诙谐，大笑着说："拉幕吧！戏演完了！"

·替堂吉诃德鸣冤昭雪·

　　塞万提斯是西班牙文艺复兴时期重要的现实主义作家。他1547年生在西班牙中部一个没落的贵族家庭，一生坎坷，当兵作战伤残了左手，1575年在阿尔及利亚被海盗抓去当了5年俘虏，成了作家后生活依旧拮据，1616年在贫困中死去。他的名著《堂吉诃德》开创了西欧长篇小说的先河。堂吉诃德也成为世界文学长廊中不可多得的典型形象。

　　1587年，塞万提斯当上了一名军需官，一干就是15年。在这期间，他经常往返于西班牙各地，亲眼目睹社会的不平等和人民的苦难，这对他的思想有深刻的影响。50多岁了，他终于拿起笔来，到1605年，写成了《堂吉诃德》的第一部。

　　小说一出版，立刻受到读者热烈的欢迎，上至宫廷，下至百姓，都抢着阅读，一年之中就再版了5次，并很快译成了其他文字，在整个欧洲流传开来。

　　刚开始的时候，所有的人并没有十分看重这本书。人们只是把它当成茶余饭后的消遣品，文学界也不重视它。塞万提斯也没有因为这本书而改善自己的生活境遇，大占其光的倒是出版商，他们因为一再重版这本书而大发其财。

　　到塞万提斯写第二部的时候，西班牙发现了有人化名写出的《堂吉诃德》续集。这部伪造的续集内容荒谬，技法拙劣，大肆丑化堂吉诃德和桑丘的形象。结局时，竟让堂吉诃德关进了疯人院。但这样的结局，却得到教会审查官的赞赏。他原本就对《堂吉诃德》第一部不满，因为从中嗅出了对封建骑士制度的讽刺和揭露，现在让小说告诉大众，堂吉诃德不过是一个疯子，而且得到了应有的惩处。这样，教会审查官就可以心安理得了。

塞万提斯看到这本书后，十分愤慨。他立刻加快了自己的创作速度，经过一年的努力，《堂吉诃德》第二部终于在1615年问世，也就是伪作出现以后的第二年。读者立刻发现，这才是自己翘首以盼的真续集，前边的那本立即被比下去了，再也无人理睬。

和前一部里的堂吉诃德一样，第二部里的主人公依旧那么可笑滑稽，又十分真实。他脱离现实，一味沉迷于自己的虚幻世界，继续用不合时宜的骑士标准要求一切，以游侠的身份，维护正义，拯世救人。他依然那么无私善良，幽默可亲。读者再一次认识到堂吉诃德是一位可笑又值得同情的人物。

跟伪作区别更大的，是对桑丘的描写。桑丘本是一个纯朴的西班牙农夫的形象。第二部里，塞万提斯对他的形象作了发展性描写。桑丘当了总督，审理案件时十分机敏和公正，表现出来自劳动人民的智慧。他还替老百姓办了不少好事。在当时所有的优秀作品中间，描写农民形象的作品极少，桑丘的出现是文艺复兴运动的民主精神的体现。

塞万提斯采用了滑稽、夸张的艺术表现手法，用一系列喜剧性的情节来表达自己的观点，造成了强烈的艺术效果。《堂吉诃德》成为当时影响力极大的作品，不少欧洲作家从中得到启发，创造出了不少"堂吉诃德式"的人物。

塞万提斯费尽心血，创作出这部影响力极大的作品，但却得不到统治者的承认和重视，他本人也一直生活在极度贫困之中。1616年，他因营养不良患上了水肿病，不幸死去，至今人们甚至无法寻得他的墓冢。到1835年，西班牙才在马德里为他建立了纪念碑，从此，一代文豪才得到了应有的声誉。

·倒在舞台上的莫里哀·

　　莫里哀是法国17世纪古典主义喜剧的创始人，欧洲最伟大的喜剧作家之一。他1622年诞生在宫廷毡厂总管家里。因为是长子，他继承了父亲国王侍从的头衔。但是他从小喜爱戏剧，宁愿把头衔让给弟弟，自己去街头剧团演戏。他一生创作了近30部喜剧，最有名的当数《伪君子》。这部喜剧，深刻地揭露了17世纪中叶法国上流社会的伪善本质。1673年，莫里哀坚持带病演出，在演出《无病呻吟》时咯血而死。

　　莫里哀作为一名剧作者和演员，时间长达20多年。这20多年来，莫里哀有过喜悦，也有过悲哀，在外省剧团，他两次被捕入狱，写成的剧本，还经常受到教会人士和贵族的围攻，常常无法上演，特别是剧本《伪君子》，演出一场之后，几乎遭到夭折的命运。

　　这个剧本，写的是一位痴迷宗教的富商奥尔贡，在教堂遇着一个没落的贵族达尔杜夫，看他形容枯槁，满口宗教教义，便被他的虚伪所感动，把他接回家。受达尔杜夫的蛊惑，居然要把女儿嫁给他，还立下了转让财产的字据。达尔杜夫原形毕露，他还想霸占奥尔贡的夫人，把奥尔贡出卖到国王那儿，说他有一个与反叛者来往的秘密信箱。幸亏国王早有察觉，赦免了奥尔贡，将达尔杜夫捕入狱中。

　　贵族们认为此剧的没落贵族形象败坏了他们的声誉。神甫们更因为剧中情节涉及到对宗教的嘲讽，而无法容忍。他们联合起来，围攻莫里哀和他的剧团，一时间乌云翻滚，情势突变，让莫里哀他们无法处理。幸亏国王没有吭声，事情才有了一丝缓和的希望。莫里哀三次上书给路易十四，申诉了5年，才获得国王的批准，该剧得以公演。

　　这时的莫里哀已经成熟地掌握了古典主义创作方法，再加上他对民间戏剧体裁的了解，这以后他又陆续写出了一些优秀剧本，其中最后一个剧本叫做《无病呻吟》。

《无病呻吟》开始排演时，剧团里的人看到莫里哀这一段时间健康不佳，身体虚弱，纷纷劝说他不要再登台了。莫里哀积劳成疾，得了严重的肺结核，常常咯血。但是，疾病的折磨没有使他停止战斗，他要继续在舞台上奋斗。况且，剧团的收入一直不好，如果主角由别人担当，来看戏的人就会减少，莫里哀不希望因为自己而使剧团受损，便毅然坚持出演剧中的主角。

排练的日子里，莫里哀虽然十分劳累，但尚能坚持，只有他的妻子知道他白天强撑着，晚上回家却总是累得瘫在床上，一点儿也不能动弹，咯血的症状也加重了。妻子再一次劝他停止排练，但是，莫里哀拒绝了。

公演开始了，那一天，来的观众很多，他们都是奔莫里哀来的，有他出演主角，《无病呻吟》这个剧绝对精彩。莫里哀在当时的法国，确实是最好的编剧和最好的演员。

剧团的演出，确实没有让观众失望。其他演员演得也都不错，而主角的演出更让观众叫绝。

其实，当时莫里哀非常不舒服，他不得不皱起眉头，不时地大声咳嗽着。但是，到场的观众都以为他在表演。瞧！演得多么逼真！多么出色！于是，每当莫里哀痛苦地咳嗽起来，人们便报以热烈的喝彩，替伟大的喜剧大师叫好。

莫里哀实在承受不住了，他在台上突然哈哈大笑了几声，又爆发出一阵猛烈的咳嗽，喷吐出一口鲜血，颓然地倒在了舞台上。其他演员跑上前去，只见这位舞台喜剧大师已经昏迷不醒。一场喜剧，以大师的颓然倒地宣告结束。莫里哀被抬回住所，4个小时以后，便离开了人间。

4天以后，莫里哀被匆匆下葬。由于教会的阻挠，他的葬礼显得十分冷清。夜深人静时，只有几位亲人和朋友赶到墓地，为他作最后的送行。

·清廉的斯威夫特·

江奈生·斯威夫特是英国启蒙运动时期激进的民主派创始人，18世纪最杰出的讽刺小说家之一。他1667年生于都柏林一个贫苦家庭，在结束英法之间的一次战争和爱尔兰人民争取独立自由的斗争中，他曾发挥过积极的作用，写过《书籍之战》、《格列佛游记》这样入木三分的寓言和讽刺小说，受到英国和世界人民的喜爱。1745年去世前，他为自己写下了墓志铭："前进，过路人，如有可能，你就学着做一个光荣的自由事业的热情保卫者吧！"

1710年，斯威夫特担任了托利党《考察报》的主编。那时，英国和法国为争夺西班牙国王的继承权，已经打了9年仗，广大的英国百姓在这场旷日持久的战争中，吃尽了苦头，而以辉格党首领马尔勃罗公爵为代表的英国军事头目，却在战争中大发横财。

1711年，斯威夫特在充分调查的基础上，写了《同盟国和前任内阁在发动和进行这次战争中的行为》，刊登在《考察报》上。这篇文章无情地揭露了马尔勃罗公爵骇人听闻的贪污行为。一时间，英国朝野一片大哗。

在舆论的压力下，马尔勃罗公爵被撤去英军司令的职务。英法之间，也在1713年签订了和约。所以当时许多人都把这次和约叫做"斯威夫特和约"。

托利党上台执政了，斯威夫特成为首相哈利的密友，还参与了女王演说词的起草工作，大小朝臣都十分巴结他。但是，斯威夫特仍然是个穷人。他没有正式的官衔，没有薪俸，他给《考察报》审稿，也从不索取报酬。

　　首相哈利看到他生活实在窘迫，有一次就以发奖金的名义，给他的文章支付了50英镑，这还是哈利深知他的为人，趁大家一齐得奖金的时候顺便发放的。可是，斯威夫特却大发雷霆，写信警告首相，说自己不是个被雇佣者，决不拿这笔钱，假如把他等同于一个贪财的文人墨客，他宁愿退出托利党。

　　在争名夺利、贪污成风的宫廷中，斯威夫特却以清贫为荣，以清廉为本分，确实是难能可贵。但也因为这一点，斯威夫特越来越得不到女王和托利党大臣们的欢心，他们害怕斯威夫特的威望，更顾忌他作品强大的讽刺力量，第二年，就把他赶出了伦敦，放逐到爱尔兰，强迫他担任那里的副主教。

　　在家乡都柏林，斯威夫特一方面积极支持爱尔兰人民的斗争，一方面专心写自己的讽刺小说《格列佛游记》。这是一部英国文学史上最伟大的讽刺小说，主人公格列佛正直善良，却身处小人中，无法施展自己的才能，只得外出游历。他先后到达大人国、小人国、飞岛、巫人岛和马国。这些离奇的国度，充满着贪婪、腐败、阴谋、屠戮，君王们穷兵黩武，大臣们拍马奉迎，实际上这就是英国社会的再现。除了主人公格列佛是正义的象征外，只有善良的马，才是真理和正义的化身，比所有的人类、类人猿都高尚得多。

　　《格列佛游记》一经出版，立刻受到广大平民百姓们的欢迎。斯威夫特也因为他热情支持爱尔兰人民斗争的行动以及他的创作，受到都柏林人民的无比尊敬。1726年，当他最后一次去英国访问，回到都柏林时，全市教堂的钟都为他鸣响，人们举着火把，出动了仪仗队，到郊外迎接他，一直把他送回寓所。

　　《格列佛游记》问世至今已经200多年，里边的故事，家喻户晓，妇孺皆知，受到了一代又一代读者的喜爱。

·"给蠢驴让路"的歌德·

歌德是德国最伟大的诗人，他的作品是德国统一的文字语言和精神的象征。他1749年出生于法兰克福一个市民家庭，尽管父亲渴望他成为一位行政官员，但他却步入了文坛。自《少年维特之烦恼》成名，到写了60年的《浮士德》的出版，歌德一直学而不倦，行笔如健，为德国文学争得了世界文坛中的一席之地。歌德在1832年，以83岁的高龄离开人世。

1772年，取得法学博士学位的歌德，来到茨威拉尔的最高法院实习。在这里，他在一次舞台上邂逅青年姑娘夏绿蒂。两人之间似乎发生了一些感情的波澜，但这件事从一开始便是不可能成功的，因为夏绿蒂已经和一位青年外交官有了婚约。

不久，从耶路撒冷传来消息，歌德的一位朋友在那里因为失恋，开枪自杀了。这件事触发了歌德原本挥之不去的心头阴影，当时的文坛上，风行着一种伤感主义的情调，这种思潮也影响着年轻的歌德，于是他动手写了自己第一篇小说《少年维特之烦恼》。少年维特因失恋，用手枪对准自己的心脏开枪自杀。简单的故事，歌德写得缠绵悱恻，充满了强烈的反封建精神，表达了反对封建束缚的启蒙主义思想，拨动了千千万万年轻人的心弦。

《少年维特之烦恼》出版之后，歌德声名鹊起，这本书立刻成了最畅销的小说。有的青年读过，联想起自己的相同遭遇，不禁黯然神伤，竟打扮成书中维特的形象，也朝着维特自杀的方位，开枪自杀身亡。

《少年维特之烦恼》这样受到广泛的欢迎，使一些顽固守旧的绅士十分恼怒，他们看出了小说里反对封建主义的思想，便大加讨伐，恶意中伤，说这本书有伤风化，教唆青年走上绝路，简直要把歌德说成十恶不赦的罪犯。

歌德对这一切污蔑之词置之不理，依旧平静地过着日子。他回到法兰克福，构思自己的伟大的著作《浮士德》，还开始写作另外一个名篇《普罗米修斯》。他要歌颂这位古代英雄，赞颂这位敢于把天火偷到人间的神。

那是1775年的一天，歌德在市内一处公园，边走边吟诵着《普罗米修斯》的诗句，不知不觉来到公园深处的小道上。他有饭后散步的习惯，常常一边走一边构思诗作，等到诗构思成熟，才回寓所记录下来。

可是，不知什么时候，歌德发觉自己的面前，站了一位西装革履、手挂木杖、怒气冲冲的绅士。公园深处这条小道，只能容得一个人通过，这位绅士却"一夫当关，万夫莫开"，站在小路中间，一点也没有让路的意思。

歌德颇有点莫名其妙，他侧过身子，想跟这位绅士分享小道。其实，只要双方侧过身子，小路还是可以让两个人一齐通过的。但是那位绅士却撇起了嘴，昂首朝天，不屑一顾地嘟哝起来："一位正经的德国绅士，是从来不给一头蠢驴让路的！"

歌德却依然平静地向对方弯了弯腰，脱下礼帽，退上草地，作了个"请"的手势，说："我倒是肯这样的。"那位绅士见歌德退至一旁，便举起手杖，昂首挺胸，踏着日耳曼军人标准步伐，嚓嚓地通过了小道，一边还用手杖把小道敲得铿锵作响。

但是，这位凯旋的英雄刚走出十来步，脑子里嗡的一声响，他说什么？他倒是肯的？肯的什么？我刚才是说不肯……顿时间，他的脸庞染上一层绯红，他气急败坏地转回身来，看到歌德的背影已在20多步以外。他气得举起手杖，大声地诅咒起来："该死的歌德！"可是，歌德早已忘记了刚才那一幕，他又沉浸在普罗米修斯盗天火到人间的情节中了。

·德意志的狂飙·

席勒，是18世纪下半期德国杰出的戏剧家，"狂飙突进"运动文学和古典文学的代表之一。他1759年出生在符腾堡公国一位外科医生家庭，18岁时开始创作《强盗》一剧，获得巨大成功，后来又创作了《阴谋与爱情》等十几部戏剧。1805年，席勒在魏玛逝世，终年46岁。

在席勒所处的那个年代，德国是一个四分五裂的封建国家，全国分裂成300多个大大小小的公国，每一个公国的统治者，为了自己骄奢淫逸的生活，无不对统治下的百姓敲骨吸髓，残酷剥削。德国到处都是民不聊生的惨况，要求统一、强大德国的呼声，在当时，代表着一种进步的声音。

席勒身处这种环境，也身受其害。他从小希望当个神职人员，可是，根据医生家庭必须子承父业的规定，符腾堡公国的欧伊根公爵强迫他进了军事学校学医。那是个培养公爵奴仆的地方，学生没有人身自由，还要接受严酷的训练，身心受到严格的控制。席勒在那里度过了8年牢狱般的生活，内心充满了对军事学校的憎恨和反抗。

军事学校关住了席勒的身体，但是关闭不住席勒的思想。他如饥似渴地阅读莎士比亚、卢梭以及歌德的著作，接受他们追求民主自由的思想，并且开始酝酿自己的创作，一部有强烈反叛意识的剧本《强盗》开始在十八九岁的席勒心中萌芽。

1780年，21岁的席勒从军事学校毕业，被指定到首都斯图加特当军医。席勒立即投身到当时的"狂飙突进"运动之中，成为一名激进的狂飙诗人。

1781年，他的第一个剧本《强盗》终于出版了。剧本描写了一位纯洁的青年卡尔，他爱读卢梭的著作，向往民主和自由，最终被腐朽的环境"逼上梁山"，加入了强盗的队伍。他们劫富济贫，到处打抱不平，反抗暴君，废除不合理的法律和虚伪的宗教。他宣布，强盗们的最终目标，是把德国变为一个共和国，罗马和斯巴达与之相比，也将相形见绌。为了达到这个目标，必须采取强有力的手段："药不治者，铁治之；铁不治者，火治之。"他们要用铁与火的手段，推行自己的政治主张。

第二年，《强盗》在曼海木初次公演，这就像在一堆干柴上点燃了一把火，点燃了人民反抗暴政的激情，引起了全社会的轰动，席勒不顾一切地赶到那里，观看自己的处女作上演。

《强盗》的上演受到群众的热烈欢迎，却引来统治者的无比仇视。席勒的主人欧伊根公爵非常生气。他说，席勒未得到他批准而擅离职守，赶到曼海木观看演出，是有罪的，必须受到惩罚。他下令将他禁闭两个星期，而且从此不许他再搞什么创作。

席勒不堪忍受公爵的压迫，于当年9月逃出斯图加特，来到法兰克福，过起了流浪生活。他担任剧院的编剧，在朋友们的接济下勉强度日，但创作上却收获颇丰。他写出了自己青年时代最杰出的作品《阴谋与爱情》。作品讲述的是宰相之子裴迪南和市民音乐师之女露伊斯打破阶级壁垒相恋，却遭到封建卫道士们的迫害，宰相设下阴谋，终于夺去了自己儿子及露伊斯的生命。剧本借露伊斯之口宣布："等级的限制都要倒塌，阶级的可恨皮壳都要破裂，人都是人！"这就把个人的冲突演化成了社会斗争。

《强盗》和《阴谋与爱情》的成功，使席勒成为了当时狂飙突进运动中最著名的作家之一，席勒在此基础上，进一步开创了德国古典主义戏剧的高峰。

·边游玩边创作的欧文·

　　"美国文学之父"华盛顿·欧文喜欢旅游，在他的一生中，许多时间是在国外度过的，他的大部分作品都是在游历世界的过程中创作出来的。他的一个显著爱好，就是边游玩边创作。

　　欧文还在上小学时，就喜欢东游西逛，上学经常旷课。有一次，他三天没去学校上课，第四天，老师找上了家门。他的母亲才知道儿子既没有上学，又不在家，不知跑到哪里去了。欧文的母亲气极了，发狠地说："等他回来，一定不能轻饶了他！"

　　一个星期以后，欧文回来了，他母亲问道："你跑哪里去了？"

　　欧文不假思索地回答："出去看看呀，一天到晚老是坐在课堂里，真把人闷死了。到外面看看，我才知道世界真大！"

　　他的话还没说完，母亲劈头给他一巴掌，嘴里骂道："你这个不懂事的孩子，谁叫你出去乱逛的？在外面玩，你能学到什么知识吗？"

　　欧文是个性格倔犟的孩子。这时，他也对母亲叫道："谁说到外面学不到知识？你看，这不是我几天来写的日记吗？"说着他从衣袋里掏出一本皱巴巴的小本子，递给母亲。

　　他母亲看也没有看，随手就把小本子扔进了火炉里，欧文气得大哭大闹。

　　18岁那年，欧文被母亲送到律师事务所学习，希望他学成之后，成为一名律师。可欧文常常借故不去，和朋友们闲逛，到哈得逊河上玩耍。这使他大开眼界，回来以后，他写了《哈得逊见闻札记》。然后，他随便地投给了一家杂志社，没想到这家杂志社很快给他回了信，称赞他写得非常精彩，并说不久就要采用，希望他经常投稿。

从此以后，欧文创作的欲望一发而不可收。他开始有意识地收集资料，无论游玩到哪里，就细心地记下当地的风土人情、民族风俗。

后来，他玩到了欧洲，迷恋上了欧洲的传统艺术和历史。他在英国住了一个阶段，进行了大量的调查，记录了许多资料，便在那里开始创作。不久，他写出了《见闻札记》和《布雷斯布里奇庄园》。这两本书很快就在英国出版，受到了读者的欢迎。

欧文在离开英国前，又写出了一本《旅客》。这本书比前两本书影响更大，不仅为他赢得荣誉，还为他以后的游玩打下了基础，他走到哪里只要说出欧文的名字，人们都会热情地招待他，希望他为当地的人写书。可欧文不是随便听人摆布的人，你要叫他写，反而写不出来。他常对人们说："创作不是想写就能写出来的事，有时，需要产生共鸣。再好的事，再好的题材，引不起我共鸣，我就是写不出来。"

欧文离开英国，又开始了漫游的生活。在法国，他创作了一部《美国散文集》；在西班牙，他先后完成了两部具有历史真实性的作品《哥伦布的生平和航行》与《哥伦布同伴们的航行和发现》。

欧文在当年摩尔人修建的古老美丽、富有浪漫色彩的阿尔罕伯拉宫里逗留了几个月，创作了《攻克格拉纳达》和《阿尔罕伯拉》这些充满传奇色彩的随笔和故事。

在他40岁的时候，他被召回英国，不久他又回到纽约。至此，欧文游历国外已达17年之久。当他回到祖国时，这才发现自己已成了美国文坛的泰斗。

欧文在国内也同样游兴大发，他考察了西部大草原，之后又在心爱的哈得逊河畔为自己建造了一座"向阳别墅"。从此，他安心生活，安心创作。但是，他这时候的作品远远不如他在外游历时写得那么出色。除了他写的《华盛顿传》以外，他的其他作品都比较平淡无味。

　　欧文虽是美国人，但他不写那时美国突飞猛进的变幻莫测的生活，对祖国远不如对外国了解。因而这个"美国文学之父"经常会受到美国人的责备。

·为希腊独立献身的拜伦·

　　乔治·拜伦是英国19世纪的浪漫主义诗人，他1788年出生在伦敦一个破落贵族的家庭，因有爵位，自然而然地进入了贵族院，但他并不站在贵族一边。他的长诗《恰尔德·哈罗德游记》站在被奴役的西班牙和希腊人民一边，反对拿破仑和土耳其的奴役；他支持英国工人的卢德运动；支持意大利的烧炭党人；支持西班牙人反对"神圣同盟"的民族大起义。1824年，他来到希腊，立即投入反对土耳其的斗争，担任远征军总司令，不幸在召开全希腊会议时病故，享年36岁。他用自己的笔讴歌独立自由，也用自己的生命实践了伟大的理想。

　　1816年，拜伦受英国贵族的迫害，又一次离开英国，从此没能再回到自己的祖国。他来到意大利，开始构思和创作他一生中最著名的诗体小说《唐璜》。

　　《唐璜》是一首以整个欧洲为背景的长篇叙事诗，描写西班牙青年贵族唐璜因婚姻纠葛远走异国他乡，途中遭遇海难，被海盗的女儿海甸救起，两人相爱，准备结婚，这时海甸的父亲赶来，反对这门亲事，还把唐璜卖给了土耳其人。从此，唐璜开始了一系列的传奇般经历。

　　唐璜外貌俊秀，土耳其王妃的太监便将他男扮女装，送入后宫。后来王妃怀疑他跟宫女有染，唐璜只得出逃，参加俄军攻打伊斯默军的战斗，并在战斗中立了大功，被推荐给女沙皇。女皇对他宠爱有加，派他出使英国，于是，他进入了首相像海盗、贵族院像动物园一般的世界。《唐璜》一书，全方位地揭露了当时欧洲"神圣同盟"的黑暗统治，反映出他们的侵略战争给欧洲人民带来的无穷灾难，是欧洲文学史上不可多得的杰作。

这时候，希腊爆发了反土耳其统治的人民起义，听到这个消息，拜伦立即停下了《唐璜》的写作，奔赴争取独立自由斗争的第一线，原来他准备写出24章的《唐璜》，只写到16章便终止了。

1823年7月，拜伦登上"海克拉斯号"海船，渡海去希腊，还带去大炮、马匹、大量药品和武器，另有5万西班牙金币。一路上，险情不断，"海克拉斯号"出了事故，好不容易驶近希腊海岸，又遇上土耳其兵舰，后来，他们这群人千方百计才逃脱土耳其人的追捕，登上希腊土地。

米索朗基的群众举行了盛大的游行，来欢迎拜伦一行。军队鸣放礼炮，玛布洛柯达特斯总督亲自来到街头，迎接拜伦。拜伦身穿红色军装，骑马穿过人群，像英雄一般，接受希腊人民的欢呼。

拜伦立即担任了征讨利潘杜的远征军总司令，参与组织准备进攻的活动。所有的工作，无论是后勤、医疗，还是训练新兵、加强军纪、安排交换战俘、组织反间谍斗争，他都处理得井井有条，他不再像一位执鹅毛笔的诗人，而俨然是位运筹帷幄的将军。

但他依然是位诗人，当他36岁生日的时候，写了最后一首诗《今天我度过了三十六年》。诗中写道："看哪，战场、刀剑和军旗，荣誉和希腊就在我身边！那些由盾牌抬回来的斯巴达战士，何曾有过这种英勇的驰骋。"

过了三个月，拜伦正准备召开一个全希腊各城市争取独立的大会，不料有次去海边划船淋了雨，回来便得了重病，1824年4月19日，他的心脏停止了跳动，全希腊人民无比哀痛，把这一天定为国哀日。

现在，在英国海顿公园里，有一尊塑像：拜伦牵着一只爱犬，正扶着岩石站着。那是希腊独立之后，希腊人民赠送给英国人民的礼物。

·"天才的预言家"雪莱·

　　波西·雪莱是与拜伦齐名的伟大浪漫主义诗人。他1792年生在英格兰苏塞克斯郡一个贵族家庭，从小便跟思想保守的父亲分道扬镳，因为参加爱尔兰人民争取自由的斗争，于1818年被驱逐出英国。在侨居意大利的日子里，他写出了大量优秀的作品。《伊斯兰起义》、《西风颂》、《解放了的普罗米修斯》、《沉西》等，都产生在这个时期。1822年，他在海难中身亡，享年30岁。

　　雪莱只比拜伦晚到意大利一年，这一对早就相识的志同道合的诗友和战友，终于又站在了同一条战壕里。他们一同以诗歌作为武器，向反动的"神圣同盟"开战，支持希腊人民反对土耳其统治者的战争，这一时期，他们两人的创作都达到了巅峰。

　　假如说，拜伦的诗常常充满着对不公平的世界的悲愤，那么，雪莱的诗就充溢着对未来高昂的激情。他相信，未来一定是美好的，一个光明美好的时代必将降临。这种乐观主义的精神，是雪莱有别于其他诗人的主要特点。

　　他在这个时期，用一年多的时间，创作了著名的《解放了的普罗米修斯》。题材是古代希腊神话故事，但结果却与原来的故事大相径庭。原来的故事中，普罗米修斯为了人类的进步，把天火偷到了人间，经过一系列的斗争，最后是以跟宙斯和解为结局。而雪莱却把它改写成普罗米修斯利用大自然的力量，推翻了宙斯，得到了解放，表达出诗人对自由的渴望、对人类解放的憧憬。

　　在另一首抒情诗《西风颂》中，雪莱把西风比做摧枯拉朽的革命力量，能促成新的生命的成长。他号召诗人应该像西风一样，成为整个革命事业的推动力量，成为号召人民起来进行斗争的种子，他大胆预言："冬天来了，春天还会远吗？"这句名言，至今还常被人们引用。

历史证明，《西风颂》正是革命的"预言的号角"，以后两年之中，西班牙、葡萄牙和意大利相继爆发了革命，雪莱的预言得到了证实，所以，恩格斯称雪莱是天才的预言家，他能看出人类未来的命运。

1822年7月8日，雪莱到莱克亨访问朋友回家，在司佩契亚湾上船，他选择了那一艘较小的帆船，船的名字叫"唐璜号"，是雪莱跟拜伦一同造的。拜伦正在创作长诗《唐璜》，雪莱非常欣赏拜伦的作品，很自然地选择了这艘船驶回住地。

雪莱的朋友采拉乌尼在另外一艘较大的船上，看着雪莱乘坐的"唐璜号"轻快地在海面上滑行，白色的风帆嵌在蔚蓝的海波上，构成一幅优美的图画。

海湾里原本风平浪静，"唐璜号"行驶得很快，一会儿便不见了踪影。过了一会儿，海面上突然刮起了狂风，浪涛发出越来越大的轰鸣，在灰暗的海天之间，恣意地怒吼着。雷雨哗哗地浇下来，闪电撕裂了天地。采拉乌尼焦急地站在甲板上，思念着被风浪冲远了的雪莱，浪花和暴雨把他浇得浑身湿透，他也全然不顾。

暴风雨整整肆虐了一个小时，采拉乌尼在海浪平静后回到了比萨，急忙把不幸的消息告诉了拜伦。拜伦的脸色苍白起来，说话因悲痛结巴起来："雪莱，雪莱，你在哪里？"

友人们搜索了整个海岸，既看不到船的碎片，更看不到人。人们在绝望和侥幸的心情中足足搜索了十天，才在依阿·里基奥海岸发现了被海水冲上岸的雪莱遗体，他的口袋中还装着几本诗集。

·诗人和哲学家的友谊·

　　亨利·海涅是德国伟大的革命民主主义诗人，1797年生于杜塞尔多夫城一个犹太商人的家庭。他当过学徒，一度经商，取得过法学博士学位，但是，最终却成了一名杰出诗人。他最著名的诗有《西里西亚纺织工人》和长诗《德国——一个冬天的童话》。他在马克思的帮助下成长为一位革命诗人，晚年重病在床，于1856年去世。

　　1843年，誉满德国的诗人海涅跟著名的哲学家马克思在巴黎见了面。两位犹太籍的伟人，同样是因为触犯了德国统治者而被逐出德国，流亡在外的。一朝相见，两个人都有相见恨晚的感觉。从此，他们有了密切的交往，建立起了亲密的友谊，书写了德国历史上一段光辉动人的佳话。

　　当时马克思只有25岁，但他对歌德与海涅十分熟悉，常常在自己的作品中引用他们的诗作，对他们的作品十分赞赏。而46岁的海涅对马克思也十分尊敬，称他为"革命的哲学家兼伟大的理论家"或者叫"革命博士"，他们的交往充满共同的理想，有着坚实的基础。

　　有时候，两人在一起共同讨论海涅的诗，一首短短的八行诗，海涅跟马克思逐字逐句地讨论，每一个字都经过斟酌，每一句都要修改好多遍，直到双方满意为止。

　　马克思邀请海涅参加他们的活动，海涅从不推辞。马克思要海涅替他主办的《新莱茵报》撰稿，海涅也有求必应。实际上，海涅已经开始参加马克思主持的革命工作，难怪恩格斯在得知这一消息后，高兴地说："现在，连海涅也跟我们站在了一起。"

　　跟马克思的友谊，促成了海涅创作进入到一个更高的境界。第二年，西里西亚的纺织工人起来反对剥削者，还击退了前来镇压他们的德国军队，对这次工人起义，哲学家是用他敏锐的眼看到它自觉革命的先进性，而诗人却用热情去讴歌它。"老德意志，我们在织着你的尸布。"表现诗人跟哲学家的看法已经完全一致。

另一首同期创作的长诗《德国——一个冬天的童话》，也有相似的特点。海涅把现实和幻想结合在一起，深刻地批判了德意志帝国的现状。这首诗充满爱国热情，对未来充满着美好的信念，是海涅最成功、最重要的创作，得到马克思的高度赞扬。

没过多少年，马克思受法国当局的迫害，不得不离开巴黎，再度流亡到布鲁塞尔去了。他跟海涅分手了，在离开时，他感慨万分地说："我现在正在收拾我的行李，我恨不得把海涅也打进行李，一同离开。"

以后，他们依旧保持着通信联系，1847年，海涅的诗《时代的诗》中的七首，在马克思的鼓励下，发表在德国杂志上，为第二年德国革命做好了舆论准备。马克思也把自己的《神圣家族》样本寄给海涅。

1848年，德国发生了革命。可是，海涅已经卧病在床，不能参加这场斗争了。马克思多次询问海涅的病情，并再次邀请他替《新莱茵报》撰稿，可惜海涅已经瘫痪在床，无法参与这一切活动了。

海涅虽然无法亲自写作，但是他还是不顾疾病的折磨，以口授的方式创作革命诗歌，最后又完成了自己的回忆录。在他的遗稿里，人们发现了一首诗："我是剑，我是火焰。黑暗里我照耀着你们，战斗开始时，我奋勇当先，走在队伍最前面……"这正是海涅自身的写照。

· "诗的太阳" 的陨落 ·

亚历山大·普希金1799年出生在莫斯科一个贵族家庭，自小诗名在外。由于支持十二月党人的主张，接连受到种种迫害，流放、监视、引诱，都没有使普希金屈服。他写出了《自由颂》、《短剑》、《叶甫盖尼·奥涅金》等诗歌，还在中篇小说《上尉的女儿》等作品中，公然赞扬农民起义领袖普加乔夫。因此，顽固的贵族们千方百计要打击普希金。他们终于设计了一个卑鄙的计划，借决斗在1837年暗杀了普希金，熄灭了这颗"诗的太阳"。

1834年除夕，沙皇尼古拉一世最后一次向普希金伸出了"胡萝卜"，赐给他宫廷侍从的官职。这是一个通常留给年轻人的荣誉职位，但对30多岁的普希金来说，实在是一种耻辱。普希金气愤极了，他写信给在家乡探亲的妻子，表达了自己的不满。可是，沙皇的密探居然把他的私人信件拆开，还送给尼古拉一世去御阅。普希金在日记里愤怒地写道："我可以当一个臣民，但决不愿做仆从和弄臣。在我国，警察私拆丈夫给妻子的信，呈给沙皇看，沙皇居然不以为耻，这简直要使我陷入疯狂……"

回答沙皇这一切监视和污辱的办法，是普希金再一次以旺盛的精力投入自己的创作。他在当年就写出了反映农民起义的历史著作《普加乔夫史》，又在1836年创作了中篇小说《上尉的女儿》。这两篇作品明确地表达了一个观点：造成普加乔夫农民起义的真正原因，是人民对地主和农奴制度的憎恨。像普加乔夫这些农民的代表都是正直、善良、勇敢的人，而那些地主和官吏却是些劣迹昭著的丑类。

就在同一年，普希金经过多年奔走，终于获准创办名为《现代人》的杂志。在当时那样的条件下，社会非常需要这样一个刊物，它不但可以提供一个发表意见的场合，还可以团结一批革命志士。事实也正如此：普希金在刊物的周围团结了包括果戈理在内的一批进步作家，跟当时一批御用文人展开了斗争，打破了沙皇尼古拉一世想维持的那种言论专制的局面。

尽管普希金根本不想到宫廷去参加应酬，经常托病躲避，但是，他无法不去陪伴喜欢抛头露面的妻子。在沙皇的默许下，宫廷中的普希金周围总有种敌视的氛围，让普希金始终处在无限烦恼和愤怒的情绪之中。

不久，这种敌视变成了一个阴谋，一个企图暗杀普希金的可耻的阴谋。他们利用一个逃亡到俄国的法国花花公子，此人名叫丹特士，让他去追逐诗人的妻子。然后开展流言攻势，给普希金和他的朋友们寄匿名信，污蔑普希金是"绿帽子团长"。普希金忍无可忍，提出了跟丹特士决斗的要求。决斗在俄国是被禁止的，但是，沙皇根本不想去管这件事，因而这场决斗便正式进行了。当双方还没有站到指定位置时，狡猾而凶残的丹特士就提前开了枪。随着一声枪响，"诗的太阳"便陨落在罪恶的子弹之下。

普希金死后，好几万人来到莫依卡河畔他的寓所，向自己最爱戴的诗人致敬、告别。这简直就是人民举行的示威。

对诗人之死带来的震动，沙皇政府十分害怕，他们查封了诗人的书房，派了许多宪兵，混杂在人群中间，进行监视。

民众为普希金的死所流露出的悲伤，已经表现出人们争取自由民主的倾向。沙皇政府觉得，必须用秘密手段进行诗人的葬礼，以免引起不必要的矛盾。于是，他们把诗人的灵柩放进一辆普通的车上，悄悄地运到普希金的故乡，葬在圣山镇教堂墓地。

·巴尔扎克回归文坛·

　　1799年5月，巴尔扎克出生在法国杜尔城一个中产阶级家庭，他的父母希望儿子将来能成为出人头地的人物，便把他送进有严格校规的教会学校读书。父母又要他学法律，当一名律师。但是，巴尔扎克却钟情文学。经过不懈的努力奋斗，他终于成为法国19世纪伟大的现实主义作家。他的《人间喜剧》，给人类留下了一部可贵的文学遗产。但是，20多年的辛劳，侵蚀了这位天才作家的健康，他于1850年8月因心脏病去世。

　　1819年，当巴尔扎克向父母亲提出，自己并不想当律师，而要当个文学家时，他的父母仿佛受到雷霆般的打击。他们不能相信，有着优越社会地位的儿子，居然要去当什么游手好闲的作家。父子间进行了激烈的争吵，最后订下一份奇怪的合同：父母给巴尔扎克两年的试验期，每月给他120法郎的生活费，如果不能成功，便乖乖地回到律师的位子上去。他的母亲还别出心裁地给他在巴黎租了间冬天冷、夏天热的工作室，她以为只要儿子冻得瑟瑟发抖，肚子饿得咕咕直叫，就会回心转意去当律师的。

　　这份合同当然无法执行。巴尔扎克无法在两年内出名，他写的剧本没人看，当他当众诵读自己作品时，过了三个小时，听的人几乎都睡着了。而巴尔扎克也没再去律师事务所坐冷板凳，他宁愿弃文从商，也不回到家中去。

　　开始时，巴尔扎克当过出版商，出版莫里哀和拉·封丹这两位法国古典主义作家的著作。但他初出茅庐，毫无经验，一下子栽倒在狡猾的批发商人的圈套中。他们用过期的废纸给巴尔扎克印书，用的铅

字又是最小一号的，结果印出来的书简直无法阅读，一年中只卖掉20本。

紧接着，巴尔扎克又想当印刷厂老板，自己写书，自己编书，自己印刷，自己出版。但是他对全套印刷业务更加外行，不管他如何拼命挣扎，还是失败了。两次印书，他欠了许多债，总额达到9万法郎，就连每年的利息，他也无论如何承受不起。

处于债台高筑、山穷水尽的地步，巴尔扎克才冷静下来。多年来，他今天干这，明天干那，游移不定，才会招致重大的失败。他想起了巴黎那间冬冷夏热的住屋，决心集中精力从事文学创作，严肃认真地回到文学园地来，争取成名，也好归还拖欠已久的债务。

也许是走投无路的缘故，也许是经商过程中深切地体会到了金钱社会的丑态，他这一次一炮打响，于1829年发表了第一部现实主义小说《舒昂党人》，开始了他创作的新阶段。

在巴黎卡西尼街那间四面透风的小屋子里，冬天没有燃料，吃了上顿没有下顿，但他一边喝着浓浓的、不加任何调料的苦咖啡，一边精神饱满地写着，一直写了20年。他早就给自己的作品取好了一个总名称：《人间喜剧》。那些重要的长篇《欧也妮·葛朗台》、《高老头》、《幻灭》、《贝姨》、《邦斯舅舅》一部接一部出版，这些作品各自独立，有时又互相联系，从各个不同的角度，勾勒出法国一幅广阔的社会画卷，写出了法国贵族的没落和资产阶级的罪恶发家历史。

作家的回归文坛，在创作方面是成功的，但在生活上却依旧失败。20多年来，他为文学事业作出了艰苦的奉献，每天工作十六七个小时，但还是欠下了一大笔债务，1850年，他债台高筑，数目已达到21万法郎。

伟大的作家去了，那年8月21日，巴黎大雨倾盆，成千上万的人为巴尔扎克送葬，他们淋着雨，把巴尔扎克送进了拉雪兹神甫公墓。

·大仲马索要稿酬·

大仲马（1802—1870年）是法国著名作家，主要作品有《三个火枪手》、《基督山恩仇记》等。

他是个多才多艺的作家，不仅会写小说，还是写剧本的高手。

他虽名满天下，但是经济拮据，常常身无分文。

这天，瓦利也剧院的经理找到大仲马，说："大仲马先生，我们剧院想请您写个剧本，您看如何？"

大仲马道："我干的正是这一职业，请问经理先生要的是哪一类的？"

剧院经理就将要求告诉了他，请他在半年内写好剧本。

他们两人订了一个合同，大仲马的这一剧本演出25场后，若剧院能卖出6万法郎的票，大仲马就可以得到1000法郎的酬金。

大仲马因为手头不宽裕，急着想得到这笔钱，所以写得很用心，也写得很快。

他的才华确实惊人，剧本写得非常出色，演出后，获得很大的成功。剧院面前常常挤满了排队购票的人。

大仲马手头没钱，只想早一刻得到酬金才好，好不容易等到25场演完，大仲马就去了剧院找经理。

走到剧院门口，传达室的那位看门人让他小坐片刻，自己进去通报。

经理一听作者来了，笑道："要剧本时，是我找他；这回是他找我，想不到堂堂一个大作家，也稀罕这点小钱，我得好好儿要他一要。"

剧院经理压根儿不是什么艺术家，只是一个做生意的俗人，一辈子惟利是图，请大仲马写剧本时，他低声下气，眼下是大仲马找他要钱，他不在这时露上一手，更待何时？

眼睛一眨，计上心来。

等到大仲马进来时，他装出一副热情洋溢的模样。

大仲马见他闭口不谈酬金，就老实不客气地说："在下无事不登三宝殿，贵剧院25场戏已经演完，合同上所说的1000法郎酬金，还请经理照付如何？"

经理一脸的假笑，道："正是正是，合同上订得一清二楚，难道我还赖了先生不成？先生稍坐，我去售票处问上一问，不知到了6万法郎不到。若是已经到了，在下立即开支票。"

其实当时剧院早已售出6万法郎以上的票，经理假装心里没底，狗颠屁股跑了出去，转了好一会儿，这才愁着一张脸回来，道：

"大仲马先生，真正晦气，刚才我去问了，售票的小姐告诉我，自开始演出至今，一共售出门票为59997法郎，还缺上那么一点儿，要先生白跑一趟，真不好意思！"

其实大仲马早已了解过，25场演出，票子远远超过6万，可是他是局外人，口说无凭，经理与售票小姐串通了一起哄他，他倒也一时难以辩驳。

大仲马毕竟是大仲马，岂容这些小人耍他？他灵机一动，马上有了主意。

他站了起来，跑到正在售票的窗口，大声叫道："门票多少钱一张？""5个法郎，先生。"大仲马打口袋里摸出5个法郎，买下一张门票，一路小跑，进了经理室，扬着门票，对经理说：

"经理先生，请看这是什么？——加上这张5个法郎，已是60002个法郎了，请先生开支票吧。"

经理愣了一阵，只好掏出笔来，为大仲马开了1000法郎的酬金。

事后，他一连打了自己两个耳光，道："唉，太傻太傻，早知如此，我说才卖了5万法郎该有多好啊。"

·漫长的流亡之路·

雨果，是法国19世纪著名的浪漫主义文学家。他1802年生于法国贝桑松一位军人家庭。在他一生的创作活动中，作出了多方面的尝试。他写出了数量惊人的诗歌、戏剧、小说、文学理论著作，对法国和世界文学产生了巨大影响。他的名著《巴黎圣母院》、《悲惨世界》、《海上劳工》、《笑面人》等，是世界文学宝库里不可多得的瑰宝。雨果自1851年被迫流亡国外达19年，1870年回国后定居巴黎，曾积极救护遭镇压的巴黎公社社员。当他1885年逝世后，无数劳苦群众、巴黎公社社员参加了他的葬礼。

1851年，拿破仑三世发动政变，宣布建立帝制。雨果坚决反对建立帝制，但他的反抗失败了。路易·拿破仑恨透了雨果，下了通缉令，出重金悬赏捉拿雨果。他只能每天换一个住所，陷入了十分危险的境地。

这年年底，雨果被暗探跟踪，正在无计可施之时，路旁突然走来一位贵妇人，一把挽住他的胳膊，举起一只手，叫住一辆马车，两个人便上了车，马车遇弯道必转头，很快甩掉了暗探。救雨果的，是他的崇拜者，以前当过女演员的杜鲁埃夫人。他们两个在蒙范里侯爵家隐藏了5天，好不容易弄到一张旅行证，化了装才逃出了巴黎。从此以后，杜鲁埃夫人一直跟着雨果，度过了十几年漫长的流亡生涯。

逃出了法国，雨果先住在比利时的布鲁塞尔，后来又住到英吉利海峡中的葛纳塞岛。他常常站在葛纳塞岛的悬崖上，遥望祖国的大地，他的心始终跟法兰西紧紧相连。在这里，他一边不断写政治讽刺诗，反对拿破仑三世的专政统治，给这些诗起了个总题目叫《惩罚集》；还一边创作出大量作品，他最著名的小说《悲惨世界》，就是在这个时期创作出来的。

和雨果其他著名的小说一样，《悲惨世界》深刻地反映了法国劳动者的悲惨命运。这样的主题，在雨果少年时代，就深深地留在他的脑海里。他曾经多次回忆起16岁时自己一次触目惊心的经历。那一次，他经过法院广场，看见一大群人围着一根木柱，木柱上拴着一位姑娘，她颈上锁着铁圈，旁边有张布告，说她是犯了"仆役盗窃罪"，其实，她只不过因为饥饿偷了一个面包。当时钟敲响12下时，一个刽子手偷偷走到"犯人"背后，从通红的火炉里抽出一根烧红了的烙铁，猛然往姑娘裸露的背上烫去。一阵凄厉的叫声随着白色烟雾一同升起。从那时开始，那惨叫声时时在雨果耳边回响，成为他创作中永恒主题的触发点。

《悲惨世界》里的主人公冉·阿让就是这样一位悲惨的工人，他在饥寒交迫之中，偷了块面包，便被判处5年苦役，因不堪狱中的痛苦，曾四次逃跑，结果刑期被加到19年。出狱后，他被一位主教感化，改名换姓，兴办工厂，被选为市长。但是，统治者的法律不能承认他的成功，警长沙威认出了他，他再次入狱。

后来，为了实现自己对一位女工的诺言，他成功地逃出监狱，找到了女工的女儿珂赛特，带着她隐居在巴黎，还帮助珂赛特救出了她参加1832年起义的丈夫。冉·阿让最后在一家修道院中去世，他一生的善行，得到了许多贫民的敬佩。连那位不公正法律的代表沙威，也在他的崇高的品德前自惭形秽，投河自尽。

1870年，拿破仑三世垮台，雨果才结束他漫长的流亡生涯，回到了巴黎，他受到巴黎人民的热烈欢迎。在他的晚年，他依然积极投入政治斗争，号召巴黎人民抵抗普鲁士军队的侵略，替巴黎公社社员辩护，还创作了他最后一部长篇小说《九三年》。雨果是继承法国大革命精神的一位杰出的代表。

·爱情在童话里·

世界著名童话作家安徒生，1805年出生在丹麦中部的奥登塞小城。他一生写下了164篇作品，作品的发行量仅次于《圣经》。世界上哪个国家的儿童和成年人没有读过《丑小鸭》、《美人鱼》、《卖火柴的小女孩》、《皇帝的新衣》等著名童话呢。

安徒生8岁时，父亲因病去世，全家只靠母亲洗衣做零工度日。一天，安徒生跑去见王子，请求赏赐。他满怀希望，给王子唱歌，朗诵剧本。王子和蔼地问他："你想要什么？"安徒生说："我想写诗剧，而且想在皇家剧院演戏。"王子从头到脚打量了他一番，给了他一个很合理的回答："背诵剧本是一件事，写剧本又是另一件事。我劝你还是去学一个有用的手艺吧。比方说，学制造家具，学盖房子。"

安徒生没有听王子的话，14岁那年，他决定到首都哥本哈根去碰碰运气。他挨家挨户地叫门，把所有达官贵人家的门铃都按响一遍。他想向一位著名女芭蕾舞蹈家学表演舞蹈，却被人家当疯子赶出了门。接着，他找到丹麦音乐学院西布尼教授，他拼命地给教授唱歌，那未发育成熟的高音嗓子终于打动了西布尼，他募捐了一笔钱，收下了这个学生。

在学院里，安徒生开始学习创作，他创作的诗剧《阿尔芙索》部分章节，在刊物上发表了，这给了他很大的鼓舞和力量，他立志从事创作。然而，创作并不是那么简单的事，他创作了好几部史诗、诗剧，得不到发表，更没有剧院愿意排练上演，他的创作基本上失败了。安徒生感到非常伤心，认为自己没有写作的天赋。

1835年，安徒生随随便便地写了几篇童话故事《即兴诗人》、《讲给孩子们的故事》。他原没抱什么希望，也就随便投了出去，没想到还发表了，更让他没有料到的是，儿童们竟然争相阅读，渴望读到他的新的童话故事。从此以后，安徒生就专门写童话故事给孩子们看。每年过圣诞节，他都要为孩子们出一册童话。

为了不使孩子们失望，安徒生抓紧一切时间写作。一天，他来到威尼斯，在古老的街道上，一边走，一边思考着，他想找一个旅馆住下来，赶快写出一篇已经构思成熟的童话故事。他朝四周望望，发现路旁有一个不太干净的小旅馆，安徒生不加选择地走了进去。

旅馆老板打开一个房间，里面有一张桌子。安徒生非常高兴，他自言自语地说："好，好，有桌子就好。"

他急急忙忙坐下来，摊开纸，就写了起来。可是，在这个小旅馆里想找点墨水却不容易。桌子上，一个锡制的墨水瓶里只剩下一点墨水，写了一会儿墨水就快用完了。这时，安徒生灵机一动，往墨水瓶里加了点水。又写了一会儿，再加点水，拿起瓶子摇晃摇晃……他写的手稿一行比一行颜色淡，最后写不出笔迹了，那篇童话还没有写完。

安徒生瞧着空墨水瓶，无可奈何地笑了一下。可是，他突然受到空墨水瓶的启发，决定了要写下一篇童话《留在干涸了的墨水瓶底的故事》。

安徒生全身心地投入创作，为孩子们写童话故事，忘记了爱情和结婚。一次出行的路上，他在马车上睡着了。在幻觉中，他仿佛生活在美好的童话世界中。直到车外一阵女人的吵嚷声把他惊醒，他才回到现实的生活中来。

原来，有三个姑娘要中途搭车。车夫说："不行，你们出的钱太少了，不带！"

安徒生听明白后，倒对车夫说："让她们上吧，车费我来付。"

这时，马车夫才点头同意。上车时，马车夫跟姑娘们开玩笑："唔，上来吧，你们遇到了一个外国王子！"

　　三个姑娘惊奇地望着这个相貌丑陋的好心男人，大姐叶琳娜·瑰乔莉认出了眼前这个人就是写无数瑰丽童话的安徒生。她早为他那神奇的想像力所倾倒，现在，她又为他那善良美好的心所深深吸引。

　　下车时，她再三邀请安徒生明天到她家去：她已悄悄地爱上了安徒生。

　　第二天，安徒生如期赴约，他走进叶琳娜·瑰乔莉家豪华的别墅，叶琳娜已焦急地恭候多时了。她向安徒生吐露了心中的爱情，并表示了自己的坚贞和不可动摇的心。安徒生虽然也喜欢这个漂亮纯真的姑娘，但他还是拒绝了她。因为他的心中只有童话，容纳不下别的东西。

　　安徒生只好告诉叶琳娜："我的爱情在童话里。"说完，从此就再也没有见过叶琳娜，但他终生怀念着她。

·果戈理与《钦差大臣》·

果戈理是俄罗斯19世纪最优秀的讽刺作家，批判现实主义文学的奠基人。他1809年出生在乌克兰，曾在沙皇政府里当过小公务员，在那里他看透了官场的黑暗，于是投身文学创作。写出了《外套》、《钦差大臣》、《死魂灵》等杰出作品。1852年，他虽然花了9年时间，续写成了《死魂灵》第二部，但因自己不满意把它烧毁，过了10天，果戈理死在去教堂的路上。

1836年年初，果戈理去拜会普希金。普希金比他大10岁，但果戈理早把他当做自己最好的师长。两人在交谈中，普希金讲了一个真实的笑话：克里斯平最近去了一趟乌拉尔，他在一个传统的集市上，想从四面八方来的农夫口里，了解一些边远省份的情况。但是，他那一身彼得堡式的打扮和他东问西问的好奇心，让当地的官员误解了，以为他是皇上派来的巡察使，手里握着对地方官员的赏罚大权。

后来，这消息惊动了省长，他立即把克里斯平请进了当地最好的旅店，天天派人去问候。到后来，连省长夫人也亲自出马，向克里斯平大抛媚眼，吓得克里斯平一溜烟逃回了彼得堡。这个故事，逗得果戈理一阵好笑。

笑过以后，果戈理立即意识到自己抓住了一个十分有趣的题材，可以把自己所知道的俄罗斯一切丑恶都集中起来，给予无情的嘲讽和鞭答。有了主题和材料，写作进行得真快，不到两个月，一出叫做《钦差大臣》的讽刺喜剧就写了出来，准备在亚历山大剧院作首场公演。

凡是读过《钦差大臣》的人，都觉得它是一出最出色的讽刺剧。

朋友们为了扩大它的影响，四处宣传它的艺术性和思想性。茹科夫为此还特别晋见了尼古拉一世，说果戈理在剧本里对外省的一些不良官吏作了一点有趣的讥诮，恳请皇帝也去轻松一下，顺便表示陛下对加强吏治的决心和信心。尼古拉一世也答应下来。

4月19日晚上，亚历山大剧院座无虚席。最好的位置都被达官显贵们占了，远远的下等席上，则挤满了首都的平民们。等到尼古拉一世带着皇太子出现在金碧辉煌的皇家包厢里，《钦差大臣》便正式开始上演。

戏一幕幕开始往下演。那个边远省份里，谣言四起，官员们因为钦差即将来到而人心惶惶，一个又一个笑料逗得观众哈哈大笑，就连一向不苟言笑的尼古拉一世，也因为无伤大雅的滑稽场面面带笑意，有一两次，他也因为忍俊不禁，笑出声来。

但是，当招摇撞骗的赫列斯达柯夫出场，一群封疆大臣们全不顾自己的身份，千方百计巴结讨好那个冒牌货时，台下的老爷们开始如坐针毡，他们一声也笑不出来，要不是看到沙皇本人也留在包厢里，剧场里不知道会发生怎样的局面呢。

好不容易，大幕在一声"钦差大人到"的通报声中徐徐下降了，台下的贵人们，一个个像台上的达官一样，泥塑木雕般怔在了当场。而下等席上，则传来一阵暴风雨般的掌声，整个剧院，呈现出极不协调的反差。

尼古拉一世为了表示自己的开明，演出后在包厢里接见了果戈理，对他说："我从来没有像今天这么开心地笑过。"果戈理却干脆地回答："这实在出乎我期望之外。"但是，当尼古拉一世离开包厢时，人们都听出，他在咕哝："这叫什么戏！人人都不痛快，而我比谁都更不痛快。"这也许是他内心的真话。

但是，真正痛快的人更多，那便是坐在下等席位上的市民们。看了《钦差大臣》之后，人们都说：在涅瓦河畔的林阴道上，在公园里，只要有10个人凑在一起，你就可以找着一个果戈理喜剧里的人物。

·一本书引起一场战争·

斯陀夫人本是一位美国的普通妇女，她1811年出生于美国北部一个著名的牧师家庭。青年时代随全家迁往跟蓄奴主义州只有一水之隔的辛辛那提市，亲自了解到蓄奴主义的残酷。她写出了著名的小说《汤姆叔叔的小屋》，广泛地描写了美国南部奴隶主对黑奴的残酷剥削压迫，在解放黑奴的斗争中起到了不可估量的作用。斯陀夫人死于1896年。

1850年，美国国会通过了镇压"黑奴"的所谓《逃奴法案》。法案规定，不仅逃奴要受到法律的制裁，而且，不参加追捕黑人的白人，不积极拥护奴隶制的人，都要被宣布为"叛国"。但是，每一个有良心的美国人，不论是男是女，都甘心情愿去犯这种"叛国罪"，他们竭尽自己的全力，组织了一条"地下通道"，帮助逃离奴隶主农场的黑奴，安全奔赴不受《逃奴法案》控制的加拿大。

斯陀夫人一家就是这样正直的美国人。她的弟弟在南方，是一位坚定的废奴主义者，她的弟媳比彻夫人件在波士顿，也是一位坚决反对奴隶制的积极分子。他们三人，正好从南到北，组成了一条支持逃亡黑奴的路线。

在这三个点中，斯陀夫人是中点，她处的位置，正是黑奴们逃脱地狱最关键之处，也是蓄奴主义者防卫最严的地方，过了俄亥俄河，虽然还在美国，但已经到了北方，对黑奴相对还比较宽松。

斯陀夫人家务很重，丈夫在大学教书，家里有6个孩子，成天忙得不可开交。但是，她亲眼看到，每年冬天，当俄亥俄河结起冰来的时候，就会有许多逃奴从冰上逃过河来，许多黑奴便在冰面上遭受到野蛮的搜捕，甚至遭到残酷的杀戮。对于躲过搜捕的黑奴来说，斯陀夫人家便是最好的避难所。那一年，一位黑人妇女到斯陀夫人家当女佣，后来，斯陀夫人发现她是从南方逃出来的，她的旧主人正在追踪她，而且情况越来越紧急。斯陀夫人立即帮助她往北逃走，让她先去波士顿找斯陀夫人的弟弟，然后设法逃出美国。

斯陀夫人正在担心，波士顿的弟媳来了信，除了告诉她女仆的情况外，还说："要是我能像你那样动笔，一定要写点东西，让全国都知道奴隶制是个多么可诅咒的东西。"这一番话，激起了斯陀夫人的写作欲望。因此，当她搬到勃伦瑞克城居住后，便开始在反奴隶制的报纸《国民时代》上，陆续发表了她著名的小说《汤姆叔叔的小屋》。

小说写了老黑奴汤姆的故事，他被主人卖掉抵债，同时被卖的还有女奴伊莱扎的儿子哈利。但是，这两人对自己悲惨的遭遇却采取了截然不同的态度。伊莱扎与丈夫相遇后，跟儿子一起，经过坚韧不拔的艰苦斗争，在正义的白人朋友帮助下，逃到了加拿大。而虔诚的基督徒汤姆却从一个奴隶主手中又转到另一个奴隶主手里，最后被出卖到新奥尔良的奴隶主种植园，被迫从事繁重的体力劳动，过着非人的生活，最后惨死在奴隶主的皮鞭下。

在小说中，斯陀夫人还塑造了一位敢于跟奴隶主正面斗争的黑奴乔治的形象，他不仅不接受奴隶主传布的基督教教义，大声责问："是谁使他们成为我的主人？"而且在逃往加拿大的途中，他还勇敢地拿起武器，向追捕他们的奴隶主开枪。这个敢于通过自身斗争来获得自由的形象，是斯陀夫人小说中最光彩的人物形象。

《汤姆叔叔的小屋》一出版，几天内就销售了一万册，一年之中，仅在美国国内就售出了30万本。林肯总统曾接见过斯陀夫人，一见面就称赞她："你写了一本书，却引起了一场伟大的战争。"

·历尽艰辛写春秋·

查尔斯·狄更斯，1812年生于英国朴茨茅斯一个海军下级官员之家。因为父亲破产入狱，他只得去生产皮鞋油的作坊当童工，他所做的工作就是往鞋油盒上贴商标。后来经过艰苦的自学，当上了记者，写出了大量优秀作品，《匹克威克外传》、《雾都孤儿》、《双城记》、《艰难时世》，都在英国文学史上留下了不可磨灭的印记。狄更斯死于1870年。

1831年，法国七月革命的浪潮开始冲击英国政坛，民主运动蓬勃发展，刚19岁的狄更斯找到了英雄用武之地。童年的苦难，他铭记在胸；他在当律师的记录员时，亲眼目睹的眼泪和屈辱、残暴与欺诈、腐败和虚伪让他认清了社会的不公；在大英博物馆的刻苦学习，使他能够步入社会，独立地工作。

后来，狄更斯辞去记录员的工作，担任了激进的《太阳真理报》的政治记者，出入于斗争激烈的国会大厦。他在旁听席后排昏暗的灯光下，用最快的速度记录着，在从外地赶回伦敦颠簸的马车上，把速记符号译成文字。他对新闻有惊人的洞察力，写出来的报导中，充满对下层人民的深厚同情，文笔时而犀利，时而诙谐，很受读者欢迎，因此他很快就成了国会里的明星记者。

两年之后，狄更斯开始考虑尝试文学创作。他的第一篇短篇小说《白杨道旁的晚餐》发表在《新月刊》的圣诞专号上，虽然发表的作品已经由编辑修改润色，但毕竟是狄更斯的处女作；以后他又接连写了6篇内容相似的文章，都被《新月刊》发表了，而且改动的痕迹一篇比一篇少。内容都是现实生活中平凡而又奇妙的小故事，那些从来不被贵族们注意的下层人民，一个个出现在他的作品中，让人感到惊奇、可爱，这些小说，纵横交错地组成了伦敦下层世界的市井图。

经过这些成长的必然途径，狄更斯开始构筑英国历史的全景式文学作品。他的第一部长篇小说是喜剧式讽刺作品《匹克威克外传》。小说以生动的描写和诙谐、讽刺的笔法，生动地再现了生活的真实，狄更斯的作品给文坛带来了沁人心脾的清新空气。《匹克威克外传》出版以后，立刻风靡全英国，狄更斯从此被称为英国的塞万提斯。从这时开始，狄更斯辞去了记者工作，正式跨入了职业作家的行列。这时候的狄更斯，只有24岁。

这以后，狄更斯便以极大的热情投入了创作，以惊人的速度出版自己的作品，他常常在同一个时期中，写出两三部小说，最能体现他创作成就的，除了《雾都孤儿》以外，还有《大卫·科波菲尔》、《艰难时世》和《双城记》等作品。

《大卫·科波菲尔》折射了作者年轻时的生活经历。故事写孤儿大卫成长为作家的过程。在这个过程中，展现了英国社会广阔的画面，对英国司法机关和议会的腐败有着深刻的揭露，这些也正是狄更斯在当记录员和议会政治记者时观察到的一切。

《艰难时世》和《双城记》，则是直接揭露资本家残酷压迫工人的事实以及民众起来推翻剥削制度的壮举。这些作品，既写出了资本主义社会根本矛盾的不可调和性，也对法国大革命寄予同情。狄更斯在作品中明确无误地表达了一个思想，改革只是拐弯抹角的方法，革命才能根治整个社会的腐朽。

狄更斯以自己的创作成果，奠定了自己在英国文学史上现实主义作家的坚实地位。

·死于决斗的莱蒙托夫·

俄国伟大的诗人莱蒙托夫1814年出生在一个贵族家庭，一生只当过骠骑兵团的下级军官。他13岁开始写诗，因为写了《诗人之死》而闻名。以后几年，他又出版了小说《当代英雄》和一本诗集。1841年，他又像普希金一样，在贵族的秘密策划下，决斗时被谋杀，享年仅27岁。

在1837年之前，恐怕谁也不会知道俄罗斯有一位像普希金一样的青年诗人莱蒙托夫。普希金被暗害后，沙皇俄国政府只怕人民的悲愤会转化为革命行动，下令不准发表任何有关普希金的文字，违者要受到严厉的惩处。可是，在群众手里，流传着一首名为《诗人之死》的长诗，普希金逝世当天，就有人当众朗诵这首诗。它直截了当地指出，杀害普希金的就是沙皇和朝臣。

这还了得！沙皇立刻下令追查，宪兵调查的结果表明，诗的作者，居然是一位年仅22岁的诗人，他便是年轻的下级军官莱蒙托夫。于是，莱蒙托夫立刻被流放到高加索地区，到穷乡僻壤去服役。

莱蒙托夫一边受惩处，一边继续写他的诗歌。他的《鲍罗金诺》歌颂俄国人民抵抗拿破仑侵犯的英雄气概，被托尔斯泰称为"小《战争与和平》"。他还写了《商人卡拉希尼科夫之歌》，写商人与沙皇的近卫决斗，杀死了近卫，被沙皇处死的故事。另外，还写了小说《当代英雄》，写出了像叶甫盖尼·奥涅金这样的"多余的人"的典型形象，反映了日益加深的俄国社会矛盾。

对于一位20多岁的年轻人，莱蒙托夫能有这样的成就，不禁让整个俄罗斯文坛刮目相看，他们都认为，俄国诗坛上又升起了一颗新星，他将是俄国的第二位普希金。人们都预言，莱蒙托夫将会有远大的前程。

正因为如此，沙皇和贵族们把莱蒙托夫视作眼中钉，又设计了一个恶毒的阴谋，想置莱蒙托夫于死地。

两年流放生涯刚结束，莱蒙托夫刚回来，贵族们就纠缠上了他。1840年，法国公使的儿子，借口莱蒙托夫过去写的一首讽刺诗，损害了他的名誉，提出要跟莱蒙托夫决斗。决斗的时候，莱蒙托夫只是举枪朝天放一枪，对方却把枪瞄着他开了一枪。幸好那位公子哥儿枪法实在太差，根本没击中莱蒙托夫。

但是，沙皇却不肯放过莱蒙托夫，他第二次被流放到高加索。第二年年初，莱蒙托夫已经厌倦了军旅生涯，请了两个月假，回到彼得堡，打算退伍，然后创办一个理想的文学杂志。

沙皇政府怎么会肯放虎归山？他们拒绝了莱蒙托夫的请求，还下了一道命令，勒令莱蒙托夫24小时内离开彼得堡，回到高加索的部队里继续服役，他们觉得，只有把莱蒙托夫牢牢地圈在军队里，才不至于发生他们不想看到的糟糕后果。

莱蒙托夫失望已极，便请病假到毕吉戈尔斯克去疗养。谁知在这个地方也无法安全，避开了部队，躲不开无所不在的决斗挑战者。这一次出场的，是一个头脑空虚又自高自大的纨绔子弟玛尔廷诺夫。而他提出的理由，还是说莱蒙托夫的一首诗讽刺了他。

决斗在毕吉戈尔斯克的玛舒克山麓举行。

决斗之前，像当年普希金被害时一样，突然下了一场雷雨。莱蒙托夫并没有意识到罪恶之手正向他伸来。他像往常一样，把枪口朝天，只想空放一枪，结束这场无聊的游戏。

可是，玛尔廷诺夫却迅速躲到障碍物后面，认真地瞄准起来。罪恶的枪声响了，枪弹击中莱蒙托夫的心脏，他当场倒在血泊中，心脏停止了跳动。后世的莱蒙托夫的研究者拥有许多材料，证实的确有人唆使凶手去杀害莱蒙托夫。普希金之后，又一位天才的诗人，死于预谋的决斗之中。

·爱憎分明的屠格涅夫·

屠格涅夫1818年生于俄国奥廖尔市一个破落贵族家庭，父亲是个退职军官，母亲是个性情怪僻的女地主。但屠格涅夫从小便对农奴制充满了憎恨，和母亲关系极差。在他日后的作品中，处处可以看到童年时代给他留下的深深的烙印。无论是《猎人笔记》、《木木》、《父与子》，都可以证明这一点。正因为如此，屠格涅夫备受沙皇政府的迫害，他只得长期住在国外，1883年因病客死他乡。

1843年，屠格涅夫来到正爆发二月革命的法国，资产阶级对起义工人的镇压，引起了他极大的愤怒。这时候，赫尔岑也从意大利赶来巴黎，两个人志同道合，一同兴奋地走上街头，成为巴黎二月革命的见证人。

这以后，他性格怪异的母亲便断绝了对他的经济支持，他只能依靠写作谋生。这期间创作的《猎人笔记》，明显地体现出反农奴制倾向。这本书所包含的25个短篇中，农民始终是处于主导地位的形象。而地主，则是表面文明仁慈，实质上丑恶残暴的反面人物。这本书，成为当时俄罗斯文坛的最大收获。

1852年，果戈理逝世了。屠格涅夫刚刚因为母亲去世，回到国内，继承了遗产，有了独立的经济生活，却因为在《莫斯科新闻》上发表了纪念果戈理的文章，"违反审查条例"而被捕入狱。在狱中，他丝毫没有一点"悔改"之意，写了著名的短篇小说《木木》，用这一实际行动，回应了沙皇政府的反动压制。

《木木》的故事，是屠格涅夫童年时代经过的一段真实生活经历的写照。他家中确实有过一位哑巴农奴，名叫格拉西姆，他被女主人驱遣，必须到都市去当看门人。格拉西姆不愿意离开自己依恋的农村，更离不开自己默默相恋的女奴塔吉娅娜。女主人发现了他的秘密，一怒之下，把塔吉娅娜许配给了他人。格拉西姆无法表达自己的苦恼，只得把全部爱心，转移到一条跟他朝夕相伴的小狗——木木身上。就是这样，也招来女主人无端的愤怒。因为小狗木木不会向她摇尾乞怜，只会向她大声吠叫。她发誓要把木木赶走。格拉西姆迫于无奈，只得在木木颈子上系了块石头，用条小船，把它沉入了河底。这一位蛮横不讲理的女主人的原型，实际上就是屠格涅夫的母亲彼得洛夫娜。在农奴制与反农权制的不可调和的斗争中，屠格涅夫爱憎分明地站在了农奴一边，而把仇恨投向了自己那当地主的母亲。

屠格涅夫的政治立场引来了沙皇政府的惩罚。一个月后，屠格涅夫被流放、软禁起来。直到1853年年底，屠格涅夫才被获准回到彼得堡。一回来他就立即拿起笔，继续为当时进步刊物《现代人》写稿。

以后的20年，是屠格涅夫的创作繁荣期。《罗亭》、《贵族之家》、《前夜》、《父与子》……一部部充满斗争精神的小说，抨击着农奴制度，当他写完《父与子》的时候，农奴制在俄国终于垮台了。

但是，预见了俄国社会必然趋向的屠格涅夫，却不能定居在自己的故乡。他的大部分时间只能在西欧度过，每年只允许在俄国住上很短的一段时间。

1880年，他最后一次回国，是为了参加普希金塑像的揭幕典礼。他当场表示了自己对祖国的热爱之情，表示自己的晚年一定要在俄罗斯度过。但是从第二年开始，他的病终于复发了。1882年他终因脊椎癌去世。一代文豪，客死他乡。

屠格涅夫的遗体从巴黎运回俄国，安葬在沃尔科夫墓地别林斯基墓旁。出殡那天，成千上万的送葬者，为这位俄国大文豪做最后的送行。

·锲而不舍的惠特曼·

1819年，美国19世纪最杰出的诗人惠特曼诞生在一个农民家庭。他从小并没有受过什么正规的教育，13岁从小学退学，一直在社会的最底层打短工、做杂事。他当过木匠、当过小学教师，也当过新闻记者。1855年，在当印刷工人期间，惠特曼出版了只有12首诗的《草叶集》。开始时，这本书遭到种种非议。但他坚持不断创作，不断修改，《草叶集》渐渐丰富起来，成为美国诗歌史上划时代的著作。到惠特曼1892年去世时，《草叶集》已收录了他的诗作396首。

1855年7月4日，一部没有经过预告的诗集突然问世。因为它的作者本来就是个印刷工人，虽然只有薄薄的99页，却装订成又宽又大的四开本。暗绿色的封面上，烫金印着《草叶集》书名，字的周围缀满长串的金黄色的草叶和草根。作者的姓名直到书本的中间才出现，而且是在一首诗里出现的："瓦尔特·惠特曼，一个美国人，一个粗汉子……"在扉页上，还印着诗人的肖像，歪戴着宽边礼帽，敞开领口，一手插在裤兜里，一手叉着腰，这个人不像诗人，倒像一个西部牛仔。不看内容，单从书的装帧设计来看，这本书确实显得有点不伦不类。

而且，集子里一共只有12首诗，采用的又是一种人们从未见过的自由式的诗体，写的又是充满民主思想的内容，没有通常诗人写的"老爷太太"、"玩具窗帘"之类的内容，却有对蓄奴制度的尖锐抨击和对最最普通的工人的热情歌颂，书中甚至还有文艺复兴式的对人体美的赞颂。这一切都让人觉得此书是那么的与众不同。

《草叶集》跟当时美国人的认知差距太大了，美国的报纸上充斥着对它的攻击和辱骂。对作者的谩骂，更达到了无以复加的程度，甚至说惠特曼根本不懂艺术，"有如猪不懂数学"。没有哪个部门肯收惠特曼做工，他的诗集整整一年，才卖出11本。

全美国几乎只有一个人对惠特曼的诗表示肯定，那便是惠特曼一向十分尊敬的作家爱默生。爱默生比惠特曼大16岁，却跟惠特曼结为忘年交。爱默生一边写文章肯定《草叶集》，一边鼓励惠特曼，要他不断地充实这本薄薄的小册子，使它更加"有分量"。爱默生无疑是惠特曼这匹千里马的伯乐，他的鼓励，使惠特曼感到温暖，于是他照着爱默生的话，坚忍不拔地把《草叶集》改得再好一点。

直到11年之后，《草叶集》才经过删节，发表在英国伦敦的报刊上，又过了几年，德国、法国也有了它的翻译本。欧洲文坛开始重视这位具有独特创造精神的美国诗人。墙内开花墙外香，惠特曼这才算有了一个诗人的头衔，社会对他的看法也开始有所改变。

25年后，第一版《草叶集》终于在波士顿一家公司正式出版了。惠特曼认为这一下可以有稿酬收入，安度晚年了。可是，波士顿的地方官却接受了一个自称为"嫉恶社"的组织的控状，要求明令禁止"伤风败俗"的《草叶集》的出版发行。地方官提出，只要删除他指出的"不宜印刷"的诗，他就可以让《草叶集》公开发行。惠特曼断然拒绝了这一无理的要求，于是，《草叶集》在售出2000本后，又被地方当局明令禁止发行了。

波士顿地方长官的这种横蛮的检查制度，受到全国各大报纸的批评，指责他们违背了言论自由的原则。迫于舆论的压力，华盛顿政府终于下令取消了波士顿的禁令。压制《草叶集》的结果，带来了广大民众对它极大的兴趣，费城地区第一次印刷《草叶集》时，第一版3000册在一天之内便被抢购一空。《草叶集》的文学性得到了美国大众的认可。

·塞纳河上的"灯塔"·

居斯塔夫·福楼拜是法国著名的文学家,他1821年出生在卢昂的一个外科医生家里。和许多著名的文学家一样,他从小喜欢文学,学的专业却与文学无关。他按照父亲的要求,学了法律。1845年,他辍学回家奔丧,住进塞纳河畔父亲留给他的克罗瓦塞别墅,开始文学创作,他这一住就是20多年,他的代表作是《包法利夫人》。1880年,福楼拜去世。

克罗瓦塞别墅真是个好地方,塞纳河水在窗下缓缓流淌,远远地可以看见无数枝桅杆,在河面和天空间追逐,就好比舞台上活动的布景在移动。大树伸展着枝条,被海风吹得呜呜作响,站在果树丛中的南国风味的凉台上,可以看到很远的地方,人的心境也随之开阔起来。

但是,福楼拜住进这样美丽的住处,并不是来修身养性或者享乐的。他对艺术的态度,就像苦行僧对待宗教一般虔诚,因此,他的写作生涯十分艰苦。他甘心忍受写作的折磨,夜以继日地把自己关在临河的书房中,精雕细琢地推敲自己作品的每一个字,每一句话。

福楼拜从来不相信灵感,他只相信:"天才就是耐心","涂改和难产才是天才的标志"。有时候,他8天只能写8行文字。就连他著名的小说《包法利夫人》,写来一共花了6年时间,可见他是字斟句酌、精雕细琢的一位作家,跟那些才思奔涌的作家有着截然不同的创作方式。

福楼拜习惯在夜间写作,天一黑他书房里那盏浅绿色的灯就亮了起来。他坐在桌前苦思冥想,让人物和语言在自己头脑里活跃起来,写下几行，又苦恼地画去，继续寻章觅句。搜索枯肠成为他每天晚上的必修功课。因此，他的灯不到第二天曙光初现，是绝对不会熄灭的。

在当时，整个塞纳河上，夜晚都是一片漆黑，因此福楼拜书房的灯光，就成了河上夜归的渔夫，以及海口溯流而上、驶往卢昂的海轮船长们的灯塔。经常来往在这一段河面的人都知道，那里有一盏整夜不会熄灭的灯光，他们便把这亮着灯的窗户当做了航行的参照。

福楼拜不仅是塞纳河上的一座"灯塔"，指引着河上航行的船只，他还是文学界一些新人的指路明灯，他曾经耐心地指导过一些新作家，莫泊桑就是在福楼拜的悉心指导之下，迅速成长为文坛上一颗新星的。

福楼拜小时候就爱好文艺，常常邀一些小伙伴到家演戏。来的人中有帕托温和洛奥尔两姐妹，莫泊桑就是洛奥尔的儿子。可以说，莫泊桑是福楼拜有通家之好的小辈，他们的关系确实非同寻常。

莫泊桑20多岁开始写小说，每一篇都拿去给自己的前辈和老师福楼拜看。福楼拜是位对艺术要求极其严格的老师，每次都摇着头，把莫泊桑的稿子留下来，不让他拿出去发表。那些废稿就堆在福楼拜的书桌边，堆积得越来越高。

怎么样的稿子才会让福楼拜满意呢？福楼拜对莫泊桑说，世界上万事万物，即使同是一匹马，它跟前边50匹中的任何一匹都有差别，作家就是善于观察，要有用一个词就可以说出这匹马跟其他50匹不相同的地方来的本事。这就是世界文学史上知名的"一语说"的来由。

莫泊桑悉心听从福楼拜的教导，并一丝不苟地照着他说的去做。等到自己作品的废稿堆得跟书桌差不多高的时候，终于有一天，他送来一篇叫《羊脂球》的小说给福楼拜看。福楼拜看完稿子，马上高兴地向自己的学生道贺，并且鼓励他："就照这个样子，再写一打出来！"

果然，《羊脂球》发表之后，莫泊桑一举成名。福楼拜，成为了莫泊桑文学创作道路上指引航程的灯塔。

·被侮辱和被损害的人·

陀思妥耶夫斯基生于1821年，他是一位医生的儿子，从小喜爱文学，他的第一部作品《穷人》，继承了普希金和果戈理的传统，以后的作品《罪与罚》、《被侮辱与被损害的》、《白痴》等也在一定程度上延续了这个传统，但在思想上，他逐渐走向虚无主义，对自己曾参加的革命活动加以否定，因此，他的思想极其复杂和矛盾。1881年，陀思妥耶夫斯基去世。

《穷人》写的是上了年纪的穷公务员救助孤女华尔华的故事，公务员杰沃式金虽然贫穷、卑微，却善良、勇于自我牺牲。他千方百计把华尔华救出了火坑，为她安排了自食其力的生活，但是贫困和凌辱不肯放过他们，华尔华终于又被迫嫁给了地主贝科夫，再一次坠入生不如死的火坑。整个故事充分体现出作者宣扬人道主义和民主主义的立场。

这时候的陀思妥耶夫斯基的主要思想倾向是进步和革命的，他不仅创作出进步的文学著作，还与彼得拉谢夫斯基革命小组有密切的联系，他们一起筹办了一个秘密的印刷所。结果这一行动被沙皇的警察发现，21人被捕，其中也包括陀思妥耶夫斯基。沙皇政府大开杀戒，判处了这21名革命志士死刑，并很快绑赴刑场，执行枪决。

12月23日，乌云遮没了太阳，寒风凛冽的谢苗诺夫教场的行刑台上，并排站着被捆绑了的"死刑犯"。执行官当众宣读了死刑判决书，他那嘶哑的嗓音使气氛显得更加阴森可怕。

到这时，陀思妥耶夫斯基还像在梦中一般，他问身旁的狱友："他们真的想枪毙我们吗？"那位狱友用嘴示意了一下台下，那儿摆着一排用布盖着的棺材。看来，沙皇确实想动真的，用最严厉的手段镇压彼得拉谢夫斯基小组的成员，用他们的头颅来起到杀一儆百的效果。

一位神甫走上台来，问他们有没有愿意忏悔的。据说只有格里戈利耶夫略略点了点头，其他的人都神情自若。神甫只好给所有的人送上十字架，在他们嘴唇上碰了碰，算是完成了自己的任务。

可怕的时刻开始了，士兵们子弹上膛，只等行刑官发出口令，枪口就要冒出罪恶的火光。无限恐怖的时间一秒又一秒过去，每秒似乎都比一年还要长，口令却迟迟没有发出，所有的人，神经都紧张到了极点。

突然，从广场那头，跑出一匹军马，马上一个军官高高地举起一只手，手上有块白手帕在挥动。他穿过广场，来到台下，传达了沙皇尼古拉一世的命令：所有彼得拉谢夫斯基小组的成员，都罪减一等，这就是说，他们都不会被枪决了。

这正是沙皇的恶毒之处，他想通过这种方式摧毁革命者的意志，既侮辱他们的人格，又残害他们的心灵。沙皇的残酷手段当场就产生了效果。当格里戈利耶夫从柱子上被解下来以后，他突然又叫又哭又笑，他的神经，受不了这突生突死的残酷考验，精神崩溃，从此发了疯。

这是1849年的冬天，一个新的青年英雄队伍被押向监狱，又从那里被流放到西伯利亚，成为苦役犯。陀思妥耶夫斯基被判4年苦役，6年军役，他在西伯利亚度过了整整10年。

陀思妥耶夫斯基是神经质的人，还患有先天性癫痫症。他原本就有的病态的幻想主义、神秘主义，从此发展成虚无主义。10年后，从西伯利亚回来，他的立场发生了根本性的变化，一个革命青年，在沙皇政府残酷的侮辱和损害之下，变成了听任命运摆布的驯良的人。宗教的伤感主义取代了人道主义。

·愿为自由献生命的裴多菲·

裴多菲是匈牙利伟大的爱国诗人，他1823年出生在佩斯特省基什·克勒什城一个小商人家庭里。1842年开始，裴多菲开始发表自己的诗作。他的诗大多采用民歌体裁，以人民大众为描写对象。1848年，革命烈火燃遍欧洲，裴多菲成为匈牙利革命的领袖之一，他用自己的诗鼓舞人民起来斗争。在抗俄战斗中，1849年7月31日，裴多菲英勇地献出了自己宝贵的生命。

1847年，裴多菲已经是匈牙利最著名的诗人和革命家，他担任《佩斯时髦报》的编辑，成为"青年匈牙利"这个激进青年组织的领导人，还创作了大量诗歌，歌颂匈牙利，反对封建制度和外国统治者。那首最著名的《自由与爱情》一诗，"生命诚可贵，爱情价更高。若为自由故，二者皆可抛"就是创作在这个时期。

1848年2月，法国二月革命和维也纳三月革命的消息传到匈牙利，3月15日，裴多菲领导佩斯群众通过了著名的《十二条》纲领。当天，裴多菲仅用了一夜时间，便写出了他最著名的诗篇《爱国者之歌》。中午把它交给印刷厂印刷，在人民群众中大量散发。裴多菲在国民博物馆广场，向前来的群众朗诵自己的诗："起来，匈牙利人，祖国正在召唤！是时候了，现在下，还不算太晚！愿做自由人，还是奴隶？你们自己选择吧，就是这个问题！我们宣誓，我们不再继续做奴隶！"

诗歌极大地鼓舞了佩斯的群众，他们在裴多菲的领导下，唱着歌，冲向大街举行示威游行，并包围了市政厅和总督府，迫使市长和总督承认了《十二条》纲领。

9月28日，奥国皇帝派贵族拉姆堡到匈牙利担任新总督，群众立即掀起暴动，处死了这位想来镇压他们的总督。裴多菲马上写了一首诗，热情支持群众的革命运动。他向往在匈牙利建立共和国，他创作的《共和国》和《这是我的箭，要射向哪里？》这两首诗既表达了自己的愿望，也记录了匈牙利人民革命的历程。

匈牙利人民的革命运动立刻遭到了欧洲反动势力的镇压，出面干涉和侵略匈牙利的，是封建势力的顽固堡垒沙皇俄国。当沙皇俄国的军队入侵匈牙利时，裴多菲毅然投笔从戎，参加到波兰民族解放军总司令尤·贝姆的麾下，担任少校副官。

裴多菲一手拿笔，一手拿枪，既英勇杀敌又继续写诗，鼓舞军队斗志。他写出了《作战》一诗："愤怒遮满了大地，愤怒布满了天空！前进，士兵们，前进，匈牙利人！""波兰和匈牙利，两个伟大的民族，我们之间团结一致！向着共同的目标前进，没有什么命运能将我们阻止！"

除此之外，裴多菲还致力于跟其他国家的联合，他用诗号召罗马尼亚人民跟匈牙利人民团结起来，共同反对哈布斯堡王朝的统治，把两个国家人民从封建统治之下解放出来，实现真正的民主和自由。

7月31日，波兰特兰斯瓦尼亚的占格尔什瓦尔地区，起义军跟俄军发生了激烈的战斗。裴多菲正好在那个地区，他勇敢地投入了跟侵略者的殊死搏斗。结果，他所在的部队伤亡惨重，裴多菲也在阵亡人员的名单上。当时他年仅26岁。

战后，朋友们到实地寻找他的遗体，但是找遍整个战场都找不到，很可能在打扫战场的时候，裴多菲的遗体已经在公共墓地上被火化了。裴多菲用自己的生命为国捐躯的行动，实践了自己的誓言："若为自由故，二者皆可抛。"

·小仲马写《茶花女》·

　　小仲马于1824年出生，母亲是一位善良而普通的女工，父亲就是法国著名的多产作家大仲马。因为小仲马是个私生子，所以大仲马有很长一段时间不肯承认他是自己的儿子。后来，小仲马崭露头角，大仲马才认了他。因此，在小仲马的作品中，婚姻、家庭问题成了最主要的题材，其中最出名的，当推《茶花女》。小仲马死于1895年。

　　1848年，小仲马才24岁，就写出了《茶花女》这一脍炙人口的代表作。是什么驱使小仲马写出了这篇委婉凄恻的小说的呢？对小仲马的写作心态，后人有着各种各样的猜测。

　　有一种说法是：一年以前，巴黎一个名叫玛丽的名妓因病身亡。她原为农家女，为生计所迫，到巴黎当女工，后来沦为妓女。在她风华正茂时，公子哥儿们拼命追求她，等到玛丽生起病来，立即"门前冷落鞍马稀"。她死后，肯为她送葬的只有两个人。玛丽的悲惨结局使小仲马深受触动，于是小仲马根据玛丽的身世，写出了小说《茶花女》。

　　另一种说法，把小仲马也拖进了故事之中。玛丽到巴黎当了洗衣女工，被一位伯爵看中，引入上流社会，小仲马得以与她相识。但是，大仲马却坚决反对儿子跟玛丽来往，认为这会影响儿子的前程。劝阻无效，大仲马一气之下，便把小仲马打发到西班牙去，想借时间的流逝，冲淡他们的感情。玛丽孤苦无依，日夜忧伤，终因肺病复发，离开人世。小仲马得知死讯，立即赶回巴黎，这时，玛丽已死去三天。他哀伤不已，便写下小说《茶花女》以表纪念。小说中的主人公玛格丽特和阿芒，就是玛丽和小仲马的化身。

不管小仲马认不认识玛丽，是不是阿芒原型，但这部小说确实是小仲马所有小说中最好的一部。七月王朝时候，一小撮靠巧取豪夺致富的金融寡头掌握了实权，上层社会极端腐败，《茶花女》对这种社会现象有着真实的描写。小说里阿芒父亲这个"正人君子"，正是那个时代虚伪道德的化身，也是小仲马经历过家庭悲剧之后，对大仲马的谴责的反映。

小说《茶花女》出版之后，小仲马意犹未尽，他把《茶花女》改编成了话剧，并准备在巴黎公演。因为小说跟儿子发生矛盾的大仲马，一气之下，匆匆离开巴黎，他不想看小仲马在舞台上也取得成功，认为那只会使自己蒙受更大的羞辱。

话剧《茶花女》果然取得了比小说更大的成功，全巴黎一时间形成了对《茶花女》迷恋的狂潮。小仲马成了文坛上的一颗新星，他的声名大大超出了靠编造离奇曲折的情节取胜的大仲马，大有取而代之的趋势。

这时候，大仲马有点后悔了，他从外地写信给儿子，祝贺他的成功，并且赶回巴黎，参与对《茶花女》的宣传活动。父子俩的关系从此大大改善。但即便如此，大仲马始终不肯承认小仲马的母亲为妻子，父子之间，始终存在芥蒂。

话剧的成功，使小仲马改变了自己的创作道路，从此以后，他不再创作小说，专门编写话剧。他一共写了20多个剧本，大多是揭露巴黎上层社会的丑态。其中一个名叫《私生子》的剧本，再次挑起了父子间的冲突。

《私生子》写一位富人诱惑了一个女工，这女工怀孕后，富人就抛弃了她，后来，他的私生子成名后，富人又想承认这个儿子，却遭到了拒绝。这时候，大仲马明知此剧影射自己，但再想发威却发不成了，他已经56岁，儿子小仲马的名气也不在他之下，他只能忍气吞声，不再去自找没趣了。

·鲜花献给"耻辱柱"·

尼古拉·车尔尼雪夫斯基1828年出生在俄国萨拉托夫一个牧师家庭，家里虽不富裕，他却从小受到良好的教育。1854年开始，车尔尼雪夫斯基为涅克拉索夫主编的《现代人》投稿，不久便成为这个杂志实际上的主编，成为公认的革命民主派领袖。沙皇政权在1862年封闭了《现代人》，逮捕了车尔尼雪夫斯基。关押了近两年后，才宣布剥夺他的公民权，押解他到西伯利亚的矿山服苦役7年。但直到1889年，车尔尼雪夫斯基才被允许回到故乡，4个月后，他就在故乡病逝。

1864年6月13日，被关押在阿历克塞三角堡一间潮湿阴冷的囚室里，度过678天备受煎熬生活的车尔尼雪夫斯基，才听到了对自己的审判。

沙皇政府剥夺了他的公民权，判他去西伯利亚一个矿场服劳役7年，然后流放到西伯利亚，终身不得返回彼得堡。

这样的结果，车尔尼雪夫斯基早就猜到了。他知道，自己之所以受到迫害，根本的原因只是"跟宪兵首脑舒瓦洛夫长了构造不同的脑袋"，他更懂得，"历史的道路绝不是涅瓦大街的人行道"，它在尘土飞扬、泥泞难行、沼泽遍地中通过，"谁要怕满身灰尘、玷污靴子，就不要从事社会活动"。他早已做好了思想准备，哪怕为此献出宝贵的生命。

所以，当两个宪兵把他带到梅特宁广场，听沙皇的法官宣读对他的判决时，他简直像在听对毫不相干的人判决一样，无动于衷地在近视眼镜后边，瞪了那法官一眼，就把视线投向了阴沉的天空。

他要说的话早就说完了，在三角堡的监牢里，他写了一本政治小说《怎么办？》，在书中，他把自己对社会主义的主张已经说得清清楚楚。车尔尼雪夫斯基坚信，即使不是自己，他的那些主张，也一定会成为革命者们行动的纲领。他现在只希望这场闹剧早点结束，让自己有时间去补充那本小说尚未写完的部分，那正是民主革命的开端，题目就叫《序幕》。

可是，沙皇并不想很快结束对车尔尼雪夫斯基的折磨，他还想"杀鸡儆猴"，挫一挫车尔尼雪夫斯基的"威风"，吓一吓彼得堡的市民。

粗暴的宪兵们，奉命把车尔尼雪夫斯基的帽子摘掉，硬把他摁倒在地跪着，然后在他头顶上拗断一把剑，再把他双手穿进一根黑色耻辱柱铁环中，还任他胸前挂了块黑色的牌子，上边用白漆写了一行字："国事犯车尔尼雪夫斯基"，命令他至少要在耻辱柱上"示众"半天。

这时候，天下起了雨，车尔尼雪夫斯基毫不在乎地站着，他的目光透过被淋湿的镜片投向远方，仍然继续着自己的思索。当一位执行官把帽子重新戴到他头上时，他还点头表示感谢，仿佛对身边的一切茫然无所知。

雨越下越大，围观的人却不肯散去。突然，在人群里冲出一位姑娘，走近"耻辱柱"，把手中一束鲜花扔到了车尔尼雪夫斯基的脚下。她的举动，立即引起了人群的一阵骚动。几个早已埋伏着的便衣警察冲上前去，逮捕了那位勇敢的女郎。

人群中，掠过一阵同情和抗议的呼声。又有几束鲜花飞越人们的头顶，落到车尔尼雪夫斯基的身边。法官见情况不妙，立即下令"收摊"。

当车尔尼雪夫斯基被捆住双手，押上囚车的时候. 人群里的呼声响成一片："再见！""再见！"人们从心底里迸发出对这位英勇的战士崇高的敬意，心中暗暗地为他祈福。

人们的良好愿望没有能够实现，25年之后，当车尔尼雪夫斯基从西伯利亚归来时，已经被折磨得奄奄一息，他再也没能回到彼得堡——那个他曾经勇敢战斗过的地方。

·12年间20次修改·

列夫·托尔斯泰是俄罗斯最伟大的现实主义作家。1828年，他出生在莫斯科附近的地主庄园。他一生进行了辛勤的创作，写出了《战争与和平》、《安娜·卡列尼娜》、《复活》等一系列文学名著，深刻地反映了沙皇统治时期的俄国社会最基本的矛盾，贵族地主和农奴之间的尖锐冲突，通过生动的艺术形象对封建农奴制度的腐败和没落进行了无情的揭露和批判，他的作品成为俄罗斯现实主义文学创作的代表作。1910年，托尔斯泰为了实现平民化而离家出走，半路上，因患肺炎，死于阿斯塔堡车站。

在托尔斯泰所有的名著中，《复活》是他最花心血的一部，是他长期思想艺术探索的总结，也是他对农奴制批判最全面、最深刻的一部力作。

早在1887年，托尔斯泰就从著名的律师柯尼那儿得到了《复活》故事的原型。这是一件典型的诉讼案件：一个普通的农村姑娘，被彼得堡一位贵族青年欺骗，最后还被判刑的故事。托尔斯泰对这个故事十分感兴趣，便把这个故事记了下来，准备以此为蓝本创作一部长篇小说。

3年后，这部小说的框架托尔斯泰已经酝酿成熟，他明确了故事的外在形式：从法庭开审的情景写起，写出法律的欺骗性，并指出必须使它公正的必要性。但是，由于托尔斯泰感到材料不充分，构思也不充分，小说刚写了个开头就自觉很不满意，创作便停顿了下来。

又过了5年，1895年的时候，托尔斯泰有一天正在散步，突然感到《复活》的故事为什么写不成的原因了。那是开头不对，应该从写农奴生活开始。于是，第二次构思好结构，他又开始了《复活》的创作。但是，这一次创作又中途停止了，因为他在写人物的心理活动时，感到没有把握。

直到1898年，在听到柯尼故事之后的第12年，托尔斯泰最后一次拿起了笔，专心致志地写起《复活》来。这一次，托尔斯泰对作品的构思和主题、人物的形象都已想好，所要做的只是如何用正确的笔触把它表达出来。

这种经过12年磨炼的创作，并不像想像得那么容易，单是玛丝洛娃的第一次出场所作的外貌描写，托尔斯泰就煞费苦心。第一次，作者把她写得瘦削而丑陋，有一个塌鼻子。他立即发现这样写是错误的，因为把玛丝洛娃写得太丑，就不可能写好她与涅赫留朵夫的关系了。这样，他便把玛丝洛娃写成漂亮的姑娘。可是，他又要顾及女主人公悲惨的身世带给她本身的影响，她的脸上必须留有生活的痕迹。

就这样，托尔斯泰一共改了20次，才觉得女主角的外貌描写比较符合作品的要求。这就是我们现在看到的《复活》中的描写。

原稿写出以后，托尔斯泰又犯了难，小说违反书报检查制度的地方太多了，他担心无法通过检查官的双眼，小说会被扼杀在摇篮之中。他请求把作品委托给一位熟悉检查当局要求的文学家来审稿，他也不得不答应删除大段针对农奴制和俄罗斯法律的段落，这样，《复活》才得以勉强通过，正式出版。

即使如此，小说出版后，还是遭到猛烈的攻击，有人甚至建议亚历山大三世逮捕胆大妄为的作家。沙皇的宪兵将军回答说："托尔斯泰声望太大，俄罗斯的监狱容纳不了他。"沙皇政府才不敢公开地镇压托尔斯泰。

于是，东正教出面了，他们想在精神上摧毁托尔斯泰。1901年，俄国最高教会机关正式宣布，托尔斯泰是"邪教徒和叛教者"，开除了他的教籍。

但是，沙皇和教会的迫害不但没有使托尔斯泰屈服，反而增加了他的声名。《复活》也成了俄罗斯批判现实主义文学的高峰。

·娜拉出走之后·

　　亨利·易卜生是挪威最出色的戏剧家，1828年生于小城斯基恩。当他9岁的时候，家道中落，他只得出外独自谋生，到药房当了一名学徒。从1849年开始，易卜生步入文坛。当时，挪威被丹麦统治了400年，官方文字都是丹麦语。因此，易卜生为捍卫挪威的民族戏剧作了坚决的斗争。到1866年，易卜生的诗剧《布朗德》奠定了挪威戏剧的基础。之后，他的戏剧《社会支柱》、《玩偶之家》、《人民公敌》更揭示了挪威社会的本质，成为世界文学之林中的佳作。易卜生1906年在重病折磨下去世。

　　1879年，易卜生发表了他最出名的剧本《玩偶之家》，这个剧本一问世，就像在挪威一潭死水中，扔下了一块石头，掀起了一阵狂澜。剧本通过一个"幸福"家庭的破裂，宣扬了妇女争取个性解放的必要性，揭露了资产阶级家庭中充斥着的自私、虚伪和压迫。当时，整个保守反动的社会势力都发起了对易卜生的攻击，说他"道德败坏"。而对易卜生抱同情态度的人，则奋起反抗。剧中主人公娜拉该不该出走，在社会上引起了激烈的争论，以至在某个酒会上，主人不得不在每个客人面前放上一张纸条："莫谈娜拉"，以免因为观点冲突破坏了和谐的气氛。

　　等到上流社会发觉，《玩偶之家》的社会影响已经超出自己可以控制的范围，而且越是压制，结果越对自己不利。这时，他们变换了手法，他们请人也写了关于娜拉的剧本，他们的剧本，只有一个主题，那就是娜拉出走以后，踏上社会，受尽欺凌和折磨，只得回到家里，承认了错误，从此"回归"为一位贤妻良母。

因为这些剧本打着《玩偶之家》续集的旗号，名字叫《娜拉回家》或叫《娜拉的归来》，又被报纸大大地吹嘘一番。开始的时候，倒也有些人上当受骗，拥到剧院里看了这些戏。这使那些上层人物好不得意。

对于这种挑衅，易卜生当然不肯善罢甘休，他也在考虑反击。该怎样回敬社会上层的攻击呢？经过反复思考，易卜生决定，自己也来写一个"娜拉回家"的戏，不过主题跟那些鱼目混珠的东西当然大相径庭。

易卜生正宗的续集名叫《群鬼》。剧本开始创作的时候，女主人公海伦，也和娜拉一样，因为想挣脱不称心的婚姻锁链，从家庭出走了。但是，她缺乏娜拉那种觉悟和勇气，害怕社会不正确的舆论的谴责，又回到了群鬼乱舞的家中，忍气吞声地与荒唐的丈夫生活在一起，还竭尽全力地维护丈夫的体面、清白的名声。她把儿子从小就送到国外读书，以免他受到父亲的不良影响。她的种种用心良苦的行动，确实做到了那个社会对一位"贤妻良母"的要求。

但是，当丈夫死后，儿子从法国归来，她才发觉，自己的所作所为，甚至为丈夫、儿子、家庭所做的一切牺牲，全都是徒劳无益的，主宰着人们命运的，是社会偏见、虚伪的道德信条。通过本剧，人们会认识到，主张个性解放，改变不合理的客观现实，才是惟一的个人解放的出路。

新的续集演出后，上层社会的阴谋再一次落空，人们只争着去看《群鬼》，而对那些冒牌的"归来"剧不屑一顾。易卜生用他的笔，战胜了上层社会对自己的围攻，但是他却被逼上了绝路，只能长期滞留国外，20多年中，只有两次机会回国小住。值得庆幸的是，他受到了国内外的肯定，当1898年易卜生70诞辰时，欧洲许多国家都举行了庆祝活动，来表彰他为世界戏剧事业所作出的伟大贡献。

·凡尔纳第16次投稿·

1863年的一天傍晚，一位邮差站在一栋灰白色的楼前叫喊着："凡尔纳，包裹！"

正在伏案写作的儒勒·凡尔纳停下手中的笔，可他没有一点勇气下楼去。妻子克梅特曼从厨房里出来，咚咚咚地下楼去了。凡尔纳不用看，就知道，这一定是他那本科幻小说《气球上的五星期》书稿又被退回来了。

凡尔纳浑身无力地坐在椅子上，沮丧到了极点。这是一本他花了一年的心血创作的科幻小说，连这一次，已被15家出版社退了回来，当他每次接到写着"尊稿我们审读后不拟刊用，特此奉还"的退稿信，心里总是一阵绞痛。

忽然，凡尔纳呼的一下从椅子上跳起来，心里想着："这些出版商看不起我这样的无名作者，我再也不写作了！"他快步走到妻子身边，伸手夺过书稿，走近壁炉，准备把书稿付之一炬。

"凡尔纳，不能烧呀！"克梅特曼从凡尔纳手中抢过书稿，说："不要灰心，再试一次吧，也许能交上好运呢！"

凡尔纳苦笑着摇摇头："不可能，上帝不会眷顾我的。"说着随手将书稿扔在了墙角。

那一晚，他再也没有拿笔，闷头大睡，发誓不写作了。

第二天，克梅特曼又来劝说他。在妻子三番五次的劝说下，凡尔纳抱着一包书稿，怀着试试看的心理走进了第16家出版社。这家出版社的经理赫哲尔热情地接待了他，非常客气地说："欢迎你给我们投稿，请你把稿子留下来，等我们看了后，再给你答复吧。"

　　凡尔纳走了，他对这些出版社已根本不抱什么希望，对他来说这次投稿主要是给妻子一个交代罢了。

　　谁知这家出版社经理赫哲尔是一个很有眼力的人，他读完凡尔纳的原稿，立即断定这是个很有才能的青年作家的作品，作品中有一种与众不同的独特的魅力。他很快找到凡尔纳，慎重地对他说："写得很好，我们决定马上出版。如果你不介意，我们愿同你签订一个为期20年的合同，在20年里，你的作品全部由我们出版社出版。"

　　凡尔纳做梦也没有想到，他的作品能得到出版社的器重，当即签下了合同。

　　《气球上的五星期》问世后，立刻受到广大读者的欢迎。从此，凡尔纳全身心地投入了创作，他的科幻小说一本接一本地出版，名闻全球。

　　凡尔纳每天5时起床，一直伏案写作，写到晚上8时。这15个小时中间，他休息的时间很少。当妻子送来饭时，他搓搓酸困的手，拿起刀叉，很快地填饱肚子，抹抹嘴，又拿起了笔。克梅特曼关切地说：

　　"凡尔纳，如今你写的书已不少了，为什么还把自己搞得这么紧张呢？"

　　凡尔纳笑着说："你记得莎士比亚的名言吗？'放弃时间的人，时间也会放弃他。'哪能不抓紧呢？"

　　在凡尔纳40年的写作生涯中，他写了科幻小说204部，共七八百万字，平均每年两三部，成为世界上第一流的多产作家。许多人感到非常惊异，便悄悄地询问凡尔纳的妻子克梅特曼，想从她那里打听到凡尔纳写作的秘密。克梅特曼坦诚地说："秘密嘛，就是凡尔纳从不放弃时间，不停地写，不怕投稿失败！"

　　妻子总是这样回答朋友或同行们的询问。凡尔纳对妻子的答复，十分满意。

·美国文学的起点·

马克·吐温是美国杰出的文学家，美国文学的奠基人。他1835年出生在密苏里州的佛罗里达。12岁就开始独立生活，这使他有机会熟悉美国各地的风俗人情。成为作家后，无论是讽刺短篇《竞选州长》、《百万英镑》，还是《镀金时代》、《汤姆·索耶历险记》和《败坏了赫德莱堡的人》，都勾勒出了那个时代的美国的风貌。1910年，他离开了人世。

马克·吐温的作品里，他年轻时不寻常的经历时时冒出。就连他这个笔名，也是他当水手和领航员的永久纪念，"马克·吐温"是个水手的术语，说明水深12英尺，是船可以通过的水深标志，马克·吐温就这样永远在自己的文学航道上，安全航行着。

马克·吐温小时候是个顽童，他十分厌烦教会式的说教，常作出许多超越常规的举动。当后来创作《哈克贝利·费恩历险记》时，他自然而然借用了自己孩提时代的回忆。这本创作于1884年的著名小说，讲述了一个发生在南北战争前夕时的故事，黑奴吉姆听说女主人要卖掉他，便逃了出来，路上遇到为逃避父亲毒打而流浪在外的白人孩子哈克，两人结伴乘木筏顺密西西比河逃亡。

在整个小说里，哈克看到了吉姆的勇敢坚强、忠诚无私，跟他做了知心朋友，克服了自己"畸形的意识"，帮助黑人孩子逃出了险境，成为了自由人。他们超越种族、肤色建立起来的友谊，表达了马克·吐温追求人人平等的民主思想。而这一主题，是在对两个孩子性格和内心活动的描写中表达出来的。这些儿童的内心世界的描写，来自于马克·吐温小时候的生活积累。

马克·吐温在成为作家之前，曾因为南北战争爆发、密西西比河航运萧条而到西部去开矿，结果白白辛苦了几年，却一无所获，只能两手空空回到弗吉尼亚当记者。那几年和以后的记者生涯，使他看到了许多社会上存在的丑恶，于是他写了一系列批判美国式民主、金钱至上主义的小说。

在他早期的小说《竞选州长》中，写了一位老实人去参加竞选，结果被诬为"伪证犯"、"小偷"、"盗尸犯"、"贿赂犯"，最后竟然被一群肤色不同的孩子围住，孩子们都异口同声，大声叫他"爸爸"。他实在下不了台，只能退出竞选。像这种利用舆论工具，造谣中伤的"民主选举"，实在是美国政坛司空见惯的现象，过去如此，现在还是如此，而马克·吐温在1870年就无情地揭露和嘲讽过这一现象，这不能不说是一种敢为人先的战斗作风。

到了创作的后期，马克·吐温对美国社会的金钱至上主义有了更深刻的认识，对外表上诚实清高、内心却被金钱毒害至深的人的丑态进行了无情的鞭挞。中篇小说《败坏了赫德莱堡的人》就是这样的作品。

赫德莱堡的居民一向以诚实闻名，但是，有一天傍晚，一个陌生人突然送来一袋金币，说堡里有一位搭救过自己的"恩人"，这袋金币就是送给恩人的，但他又不指明恩人是谁就逃走了。这一袋金币考验着堡内所有的人，诚实的居民们，特别是几十位德高望重的居民都争着要充当这位"恩人"。他们一边十分眼红金币，又不愿放下清高的架子，因此闹出种种闹剧，小说通过巧妙的构思，深刻地剖析了资产阶级的虚伪与自私，揭露了他们既想当婊子、又要立牌坊的丑态。

马克·吐温就是这样，对现实深刻了解，又用富于民族特色的幽默写出了美国式民主社会的真相。他的作品，是真正的美国文学的代表，也是世界文学宝库的瑰宝。

·左拉之死·

左拉，是19世纪后半期法国最重要的批判现实主义作家之一。这位法国作家，是意大利和希腊人的后裔，1840年出生于巴黎，童年在法国南方度过。一生创作有600万字的《人间喜剧》式的大型作品《卢贡—马卡尔家族》系列小说，《小酒店》、《萌牙》、《金钱》、《娜娜》等是其中的名篇。1902年，人们发现左拉在住所因煤气中毒窒息而死。

写完《卢贡—马卡尔家族》这部罕见的文学巨著，辛劳了25年，53岁的左拉并没有因为实现了自己的愿望而稍事休息。他马不停蹄，立即开始了另外一部三部曲式的长篇小说的创作，那就是《三个城市》，包括《卢尔德》、《罗马》和《巴黎》。

这时候，法国爆发了围绕德雷福斯"叛国案"的政治动荡。德雷福斯是犹太血统的法国军官，被控向德国人出卖机密而犯了叛国罪。但是，公开审判提供的证据不可靠，许多证人有明显的伪证倾向，审判程序也极不规范。人们从中明白无误地看到了司法的不公和反犹主义倾向。

一些作家和学者开始为冤屈的德雷福斯鸣不平，他们要求澄清德雷福斯案件，忙着写《三个城市》的左拉也热情地投入了这一斗争，发表了题为《我控诉》的一封公开信，雄辩地驳斥了对这位犹太人军官的诬蔑。

并没有真正的利害关系逼迫左拉一定要投入这场斗争，他只是为了人类的正义而战。他指出，诬陷德雷福斯的艾斯代拉齐才是真正的法兰西的叛徒。除了这个人，左拉在信中一连控诉了9位将军和法官，以及两份故意混淆视听的报纸。他的参与，有力地推动了这场为真理和正义而进行的斗争。

《我控诉》发表的当天，就有人在议会中提议要逮捕左拉，但没有获得通过。1898年，不甘心失败的军官们又借法庭之手，传唤左拉上庭对质。军官们在法庭上指手画脚，而庭外的报纸又发出一系列的恫吓，还组织一批人拥在法庭外，声称只等左拉出来，就要对他实施私刑，把他扔进塞纳河。

尽管左拉镇定自若，每天照旧出庭辩护，但是听命于军官们的法庭却无端地判左拉有罪，判处他一年徒刑和3000法郎的罚款。为了维护自己的权利，拒绝执行法庭的荒谬判决，左拉毅然出走英国，临行时，只用报纸包了一件睡衣。

在伦敦，左拉不得不用许多假名，过着流亡者的生活，还开始创作表达自己理想的著作《四福音书》，一边等待着国内审判德雷福斯的最终结果。

新上任的法国国防部部长是个反犹太人的顽固分子，他打算先审定德雷福斯的叛国罪，然后把包括左拉在内的人一网打尽，统统投进监狱。可是，在重新审查的过程中，结果与他的愿望恰恰相反，伪造材料者一个个被揭发出来，其中有的垮了台，有的自杀身亡，材料证明，德雷福斯根本无罪，一场轰轰烈烈的斗争，以左拉他们的胜利而告终。

左拉可以从伦敦回国了，他带回了已经写好的《四福音书》的前三部，其中第一、第二部已经正式出版，第三部也已写好，正等待出版，这部名为《真理》的小说，是德雷福斯事件的艺术再现，表现出真理必然战胜谬误的信心。第四部《正义》也正在撰写。

但是，人们等到的《真理》一书的封面上，却嵌着表示吊唁的黑框，1902年9月28日清晨，人们发现左拉在住所因煤气中毒窒息而死。事实证明，这是反动派暗杀了左拉。正当创作旺盛之年的左拉，就这样匆匆离开了人世。

·书写自己的经历·

都德是法国著名的现实主义作家，他1840年出生在法国南部普洛旺斯，父亲是一个破落的丝绸商人。年轻时，都德曾当过乡村小学的教师，到巴黎之后，都德开始从事创作活动，以长篇小说《小东西》出名，后又创作了著名的短篇小说集《月曜故事集》和12部长篇小说、近百篇短篇小说。都德于1897年逝世。

都德初期的小说题材大多来自普洛旺斯地区的神话和民间传说，正因为如此，这些小说因为清新和生动而受到读者欢迎。1870年的普法战争，激发了都德强烈的爱国热情，给他带来了新的创作灵感，他的小说风格和内容从此发生了根本性的变化。

普法战争中，都德应征参加了法国军队，他一心一意为祖国而战，蛮以为可以报效国家，法国也可以在战争中取得胜利，可是，那次战争竟以法国的彻底失败而结束。战后，法国把阿尔萨斯和洛林都割给了德国，从此，这两个地方的人民只能改学德语，从此不能再学习自己祖国的语言。

愤怒和悲哀交织在都德的心头，他在1873年发表了自己著名的短篇小说集《星期一故事集》，集子里的小说，反映的都是普法战争时期的事情，其中的《最后一课》和《柏林之围》因为具有深刻的爱国主义内容和精湛的写作技巧，在世界文坛上享有极高的声誉，成为世界短篇小说中的杰作。《最后一课》曾入选中国中学语文课本，为中国广大青少年所熟知。

《最后一课》结合都德当小学教师的经历和强烈的爱国主义情感，写的是阿尔萨斯省一所乡村小学上的最后一堂法语课上发生的故事。童稚无知的小学生上课迟到，本以为一定会遭到老师责难，可是，他却发现今天教室里挤满了村民，连年老的人也来上这最后一堂法语课，原来他们都是来向祖国语言告别的。作品题材虽小，却精心剪裁，用一个孩子的视角，生动地表现了法国人民遭受异国统治的痛苦和法国人民对祖国的热爱。《柏林之围》则通过一位爱国退休上校与孙女之间的"战争游戏"，明写柏林之围，实质写了德军的巴黎之围，表达出法国人民抗敌卫国的决心。

所有的小说，都德都是既学习了前人的创作技巧，又加进了"自己的经历"。他的第一篇长篇小说《小东西》，实际上是他的半自传性小说，记叙都德自己青少年时期的经历。他因为家道中落，不得不为生计而到处奔波，当了小学教师，因为秉性懦弱，反而被顽童所欺，有一次险些命丧黄泉。作品以俏皮和幽默的笔调描绘出资本主义社会中，人与人之间关系的冷酷。

普法战争以后，都德因小说成名后，更多地接触到法国的上层社会，他的这一段生活，又丰富了他的小说创作。他的《达拉斯贡城的达达兰》讽刺了资产阶级庸人；《小弟罗蒙与长兄黎斯雷》揭露了资产阶级家庭生活的腐朽；《努马·卢梅斯当》刻画了善于钻营的资产阶级政客的丑恶形象。

都德曾说过："我的故事只不过是借用拉·封丹的寓言，再把我自己的经历加进去罢了。"我们的确可以从他的作品里读到他的欢乐、忧愁和愤怒。

·显克微支以史为鉴·

　　显克微支是19世纪波兰著名的作家，他1846年出生于波德拉斯地区的一个地主家庭，自小便表现出强烈的爱国热情，当波兰被德国与俄国肢解的时候，他写出了一系列以"祖国"和"宗教"为核心的历史小说，以此表达波兰人民保卫祖国独立的决心。1905年，他因1895年出版的历史小说《你往何处去》获得诺贝尔文学奖。第一次世界大战期间，显克微支积极参与救助波兰战亡者，又孜孜不倦地写作，终因积劳成疾，1916年在瑞士逝世。

　　1781年，显克微支正在华沙高等学校学习语言文字专业，他已经学完了全部课程，只等参加毕业考试，就能获得毕业证书。他这次学习比其他学生多读了一年。考入学校时，他学的是医学，后来才改学自己喜爱的语文，能够取得证书，显克微支当然高兴万分。

　　但是，这时候传来消息，占领了华沙的沙皇俄国政府已经下令，把华沙高等学校改为华沙帝国大学，从这时开始，从学校毕业的人，一律要发沙皇俄国的华沙帝国大学证书。波兰的学校变成俄国的大学，波兰子民变作沙皇的臣民，这是显克微支无论如何不肯接受的。他宁愿不要那个证书，也不肯当侵略者的奴仆。显克微支没有参加毕业考试，愤然离开学校，不久便出国考察去了。

　　没过多少年，波兰国内的矛盾逐渐加剧，原来站在独立立场上的贵族害怕人民，纷纷投靠俄国沙皇和普鲁土地主阶级，分割波兰的这两个侵略者，也竭力推行种种灭绝种属的同化政策，甚至不允许波兰人在自己国内教波兰语，日常生活也推行俄罗斯化和日耳曼化。

　　面对这种残暴的民族压迫，显克微支经过深思熟虑，决定把自己的创作转向历史，他认为，只有描写自己民族的光辉历史，用历史上的英雄业绩来鼓舞人心，波兰人民才会不忘自己的祖国和宗教，团结一致，抵御外侮。

从1882年开始，显克微支开始创作以波兰历史为题材的三部曲。第一部《火与箭》，写赫米尔尼茨基领导的哥萨克暴动；第二部《洪流》，写波兰人民反对瑞典封建主侵略的斗争；第三部《伏洛窦耶夫斯基先生》则描写波兰人民反抗土耳其——鞑靼人入侵的斗争。书中人物生动，情节曲折，引人入胜，用的是纯波兰语，发表之后受到广大读者的热烈欢迎。

除此以外，显克微支还以史为鉴，鼓励波兰人民推翻暴君的统治。《你往何处去》写的是古罗马帝国暴君尼禄的专制残暴，反映了下层人民的悲惨命运。另一部著名的小说《十字军骑士》，则写波兰和立陶宛人民反抗十字军骑士团的斗争，有力地揭露了十字军骑士团的凶残，热情讴歌波兰和立陶宛人民同仇敌忾，共同打败十字军骑士团的英勇精神，是波兰文学史上最优秀的历史小说之一。

因为显克微支对波兰文学的贡献和他历史小说的强烈的反对侵略、维护祖国独立的精神，他在1905年获得了诺贝尔文学奖。他成名了，但丝毫没有放松争取波兰独立自由的斗争，虽侨居国外，依旧关心着祖国的点点滴滴。

第一次世界大战爆发后，波兰再一次卷入了俄德两国的斗争，成为帝国主义战争的前线，波兰人民坠入了更大的灾难之中。显克微支一方面投入救援活动，一方面加速自己另一部历史小说《军团》的创作，可惜他还没有完成这最后一部小说，就离开了人世。

·短篇小说之王莫泊桑·

　　莫泊桑是法国19世纪最优秀的批判现实主义作家，1850年生于法国诺曼底狄埃卜城一个没落的贵族家庭。他自小喜爱文学，很早就开始写作，但成名却很晚，直到1870年，他才以小说《羊脂球》一举成名。以后，他克服重重困难，战胜疾病的纠缠，又创作了《项链》、《我的叔叔于勒》等300余篇短篇小说，《俊友》、《一生》等6部长篇小说。1893年，因患严重的精神疾病死于巴黎一家疯人院。

　　1870年，莫泊桑刚从卢昂中学毕业，便爆发了普法战争，他被征入伍，经历了那场令他心碎的战争。他后来在海军部供职，把自己的所见所闻写成文章。他的那些创作，被他母亲的好友福楼拜一一看过。福楼拜对他要求极高，所以莫泊桑的作品一直没有发表。但是，他在这年复一年的写作练习中，奠定了坚实的写作基础，为日后的一鸣惊人创造了条件。

　　1879年，莫泊桑年近30。这年春天，他有幸参加了6位文人组织的文艺座谈会。座谈会在左拉的梅塘别墅举行。莫泊桑是左拉的崇拜者，特别尊重左拉的创作理论，在参加座谈会的人中，他年纪又最轻，因此，会议所有的决定他总是惟命是从。

　　会议举行了几天，莫泊桑受益匪浅。会议结束的时候作出了一个决定，所有的与会者必须交一篇短篇小说，内容便是以普法战争为创作题材，然后汇编成册出版，名字就叫《梅塘之夜》。这不仅是这次座谈会的成果之一，也有给文坛新人表现的机会、提携文坛新人的意思。

　　莫泊桑当然遵命而行，他挥笔立就，普法战争在他心底的印象是那么深刻，六七年来的写作练习又使他具备了良好的文字基础。他交出的作品便是日后使他闻名于世的杰作《羊脂球》。

写完《羊脂球》，莫泊桑照以往的规矩，又把它送给老师福楼拜看，这一次，严格的老师没有把它扔进废稿堆，而是热情地赞颂说："命意、造句都很成功，我可以预言，这篇小说一定会流传于世。"

果然，在这次出版的所有作品中，《羊脂球》虽然出自一位年龄最小的作者之手，却稳稳地独占鳌头。第二年，《梅塘之夜》出版了，《羊脂球》和它的作者一举成名，速度之快，让莫泊桑本人也感到了惊奇，他采用当时文坛评论对他的说法："我像一颗流星般进入了文坛。"

《羊脂球》描写一群只顾自己私利而不顾民族尊严的贵族们，他们起初千方百计劝羊脂球听从普鲁士军官的威逼，继而又因羊脂球顺从了侵略者的强暴而万般羞辱于她，淋漓尽致地刻画出贵族们虚伪的丑态。这是一篇思想性、艺术性完美结合的佳作。

《羊脂球》一举成名之后，莫泊桑进入了他创作的高峰。他写出了众多优秀的作品，其中以短篇小说为主。《我的叔叔于勒》通过对小资阶级夫妇对待至亲态度的变化，表现了他们的虚伪和资本主义社会的世态炎凉。《项链》则写虚荣的玛蒂尔德为了在晚会上出风头向好友借了一条钻石项链，却在晚会后发现项链丢失，不得不忍受10年还债生活的辛酸。

莫泊桑一直以短篇小说之王的声名蜚声世界。而《羊脂球》以后的著作，莫泊桑是在严重的神经疾病缠身的情况下创作出来的。他的眼疾时时发作，后来又出现了幻觉，后来，眩晕使他夜不成眠，最后，他双目失明了。即使如此，他还以口授的方法继续他的创作。1893年，这位只有43岁的天才作家离开了人世。

·萧伯纳反唇相讥·

　　萧伯纳是英国现代杰出的现实主义剧作家。1856年，他出生在爱尔兰都柏林的一个小公务员家庭，他一共写过51个剧本，无情地揭露了资本主义制度的罪恶，撕破绅士淑女们的伪装，产生了惊世骇俗的巨大力量，在英国文学史上获得了前无古人的成功，并获得了1925年的诺贝尔文学奖。他在1950年去世。

　　1894年，萧伯纳的第三部剧本《华伦夫人的职业》问世了，这个剧本一经发表，立刻激起了整个西方戏剧界的强烈震动，人们在他的剧本里看到了资本主义是所有罪恶的根源，但更多的人却因为剧本的尖锐性而无法接受，报纸上连篇累牍地出现对剧本的攻击，以致它根本无法上演。

　　《华伦夫人的职业》揭露的是西方娼妓制度的罪恶。一位受过高等教育的年轻貌美的小姐突然发现，自己的母亲——高贵体面的华伦夫人，原来竟是一位妓馆的老鸨。家里的万贯家财，就是靠这个职业积攒起来的。

　　这位小姐感到了羞辱，十分气愤地责问自己的母亲，为什么堕落到这等地步，要去赚这种昧心钱。华伦夫人心酸地道出了其中原委。想当初，她和姐妹们也是靠劳动维持生计的，但结果却是痛苦甚至死亡。而妓院却给她带来了财富，同时也给了她体面，她才有了今天这般的生活和地位。

　　正因为剧本石破天惊般道出了资本主义是建立在对穷苦百姓丧尽天良的剥削的基础上的罪恶制度，所以当时的英国和美国的政府视之如洪水猛兽，相继下了禁演令。禁演令一直延续了30年。

也许是社会进步，人们的观念发生了不可逆转的变化，也许是萧伯纳已经成为名闻世界的剧作家，英国政府再也无法维持那个毫无道理的禁令了，于是在1924年宣布，解除对《华伦夫人的职业》的禁令，一时间，伦敦的报纸又为这件事大吵大嚷了一通。

可是，人们发现，这件事的主角萧伯纳却始终沉默着，他的不动声色引起了舆论界的极大兴趣，他们到处追逐萧伯纳的行踪，好从他的嘴里掏出些可以作为头条的新闻。终于，记者们在萧伯纳的寓所门口截住了他，记者们七嘴八舌，提出了一个又一个刁钻古怪的问题，好像在进行一次猝不及防的考试。

白发银髯的萧伯纳比记者们几乎要高出一个脑袋，他气定神闲地把手杖放在臂弯里，开始回答记者们的问题。他说："其实我那个剧本从来没被禁住过，全世界都有它的读者和观众。我写那个剧的时候，还是个冒失的中年人，现在，我已经68岁了，可惜的是，华伦夫人的故乡却没有多大的变化。"

问题一个又一个提出，萧伯纳耐心地一个又一个回答，他的话是那么生动风趣，不时逗得那些记者们哄笑、鼓掌。这个街头记者招待会，顿时吸引了许多路人驻足旁听。萧伯纳也正好有机会跟民众直接见面，让他们知道许许多多别人不肯让他们知道的东西。

热烈的场面却引起了一些人的不满，人群中间，一个肥头胖脑的绅士，叼着雪茄直晃脑袋，旁边那位穿着宽大黑袍、却遮不住他硕大肚皮的神甫更是恼火，他大声说："唉！外国的朋友看到萧伯纳，总会以为，英国人的日子实在不好过，所以萧伯纳才会瘦成这种模样。"

记者们大多没注意到这不和谐的声音，萧伯纳却听得真真切切。他用手指着那个大腹便便的神甫，大声地说："你是说英国人都瘦得像萧伯纳这个模样吗？原因并不难找，它就在你那个肥得要淌油的肚子里呀！"

一阵哄笑过后，神甫的脸红得像猪肝一般。而萧伯纳却昂起他雪白的头颅，挥起手杖，大踏步地走出了记者群。

·犹太歌手阿莱汉姆·

　　肖洛姆·阿莱汉姆是著名的犹太人作家，1859年生于乌克兰的别列雅斯拉夫镇一个小商人家庭。一生为犹太人的权益奋斗，写出了一系列反映犹太人痛苦生活的作品，其中以《美纳汉·孟德尔》最为出色。1914年他被逐出排犹主义最严重的德国，1916年在纽约与世长辞。在他诞生100周年的时候，他被作为世界文化名人受到各国人民的隆重纪念。

　　和所有的失去了故乡的犹太人一样，阿莱汉姆从小便生活艰难，受尽欺凌侮辱。父亲经营的小店在阿莱汉姆10岁左右便破了产。13岁的时候，母亲又去世，父亲续弦的妻子又带来几个孩子，对阿莱汉姆他们百般虐待。在这样恶劣的环境中，阿莱汉姆并没有改变他幽默的性格，他留心把继母平日对他们兄弟的恶毒谩骂与诅咒记录下来，整理好，按字母顺序编成一本册子，这便是他最早的一部作品。他独特的幽默作风，便在这个时候形成了。

　　中学毕业时，阿莱汉姆成绩优异。但他已无力升学，又找不到任何职业，只得四处流浪。一个犹太人，在当时是最被其他人瞧不起的，被侮辱、被排挤，这是常有的事。阿莱汉姆白天打零工，干一天重活，晚上就睡在地板上，夜里还得为小东家摇摇篮。这种生活经历的苦难和屈辱，深深铭刻在他心头，成为他日后创作的源泉。

　　阿莱汉姆好不容易在1877年找到了一份比较中意的工作，到一个家庭当教师。可是，只过了半年，在一个隆冬的早晨，阿莱汉姆和另外两个仆人突然发觉，自己的主人一家突然消失得无踪无影。在阿莱汉姆房里，主人留下了应该付的工资，屋外放着一副雪橇，供他自行离开。阿莱汉姆心里最明白不过，主人一家不辞而别，是因为主人家的小姐跟他发生了微妙的感情。在主人看来，一个穷家庭教师，一个卑贱的可恶的犹太小子，居然癞蛤蟆想吃天鹅肉，主人怎能再容下他？阿莱汉姆无法忍受对犹太人的这种歧视和迫害，他发誓今后把毕生精力投入到为犹太人的平等自由而奋斗的事业上。

从此之后，他来到乌克兰的基辅，当了犹太教牧师，创作出许多讽刺小品和中短篇小说、剧本、诗歌，揭露和讽刺生活中封建宗法习气的残余，宣扬民主主义和启蒙主义思想，成为犹太文学界颇负盛名的作家。

1892年，阿莱汉姆发表了他著名的书信体小说《美纳汉·孟德尔》。美纳汉·孟德尔是一位小有财产却找不到事做的犹太汉子，他听说城里的人都能发大财，便不管三七二十一，一头扎了进去，在资本主义尔虞我诈的世界，尽管他地无一陇，钱也不多，却硬是买卖田产林木，经营额都达上百万款项，投资的接连失败，并不能使他气馁。他陶醉在幻想中的成功之中，又挣扎于实际的失败之苦，该书生动地勾画出小资产者在资本主义制度下的甜酸苦辣。高尔基在读了该书以后，写信给阿莱汉姆："你的书使我笑，使我哭，是一本绝妙的好书。"

成名之后，阿莱汉姆全身心地投入犹太人的解放运动，犹太人社会地位不高，他的斗争也几起几落。他在基辅的商业经营不佳，他支持1905年的俄国革命，但不久基辅就发生了屠杀犹太人的事件，他只得出逃美国。1908年回到俄国，在遍访犹太人的途中又患了病，只得出国去休养。1914年，他在德国休养时正遇上第一次世界大战爆发。出于政治需要，德国皇帝掀起排犹运动，把阿莱汉姆驱逐出境。他便在这样不断的迫害中离开了人世。

·契诃夫巧识"变色龙"·

契诃夫是俄国批判现实主义的作家与剧作家，他1860年生于塔甘罗格一个杂货店家，1884年从医学系毕业，兼任医生和作家。他的著名短篇小说有《变色龙》、《装在套子里的人》、《第六病室》等；戏剧作品有《万尼亚舅舅》、《三姊妹》、《樱桃园》等。他是个医生，却终身为肺结核所困，1904年契诃夫因肺病去世。

在塔甘罗格当中学生的时候，契诃夫每到寒暑假，都要到父亲的小店里去站柜台，眼睁睁瞧着同年的伙伴们在大街上飞来飞去，打闹追逐，他却只能像钉子一般，钉在三尺柜台之后，与那些挑剔的顾客打交道。

顾客不多，契诃夫却也不能离开柜台半步。从太阳升起到太阳落山，时光过得实在是慢，为了打发难熬的日子，契诃夫学会了观察，学会了编故事。只要有人匆匆从店铺面前经过，他便会根据那人的穿着打扮、表情、步伐，猜测那人的身份，现在想干些什么，然后给那人编上一段故事，想像他为什么要经过这里，后来又发生什么事，结果又如何……当大街上空空荡荡的时候，他就索性回忆学校里的生活，给一个个老师、同学编上一段故事。

这一天，街的东头，出现了那个人见人厌的斯达尼柯夫先生。他可算是本街区的一霸，倚仗他舅舅在警察署当差为非作歹，谁也不敢得罪他。契诃夫见他瞪着双眼，不住地往街头各个角落扫视，心里不禁有点发毛。老天，千万别让他看上我，他一脚跨进店门，麻烦就会从天而降，今天一整天的平静就会被他搅了。

斯达尼柯夫一步步走来，契诃夫的心也开始怦怦地跳。还好，在离小店十几步的时候，斯达尼柯夫的双眼瞪得更圆，他看到了从街西走来的一个人，立即举起双手，往西奔去，契诃夫这才舒了口气，跟着他的脚步，也一直往西瞧去。

"亲爱的米哈依，"斯达尼柯夫老远就大声吼起来，"听说您回来了，我还没抽出工夫去瞧您。还记得吗，咱们小时候可是最亲密的伙伴，一起爬过山，还去钓过鱼。听说您去了莫斯科，在那地方混得怎么样？您早就该回来看看自己的老朋友了，是不是？"

斯达尼柯夫边走边喊，两只手伸在前边，似乎就要紧紧拥抱米哈依，跟他来一次最热情的接吻礼。可是，他那最亲密的伙伴却好像不大领他的情，只是紧皱着眉头站着。

斯达尼柯夫的巴掌快触着米哈依的肩膀了，他突然僵住了，他看到米哈依穿的，已经是六等文官的衣衫，在莫斯科当上六等文官，到塔甘罗格可就成了大人物，斯达尼柯夫立即觉得自己刚才太鲁莽，险些得罪了一位大人物。

好在斯达尼柯夫变得极快，举起的双手立即收回，交叉到自己的胸前，一脸的惊喜立刻变成甜腻腻的奉承："尊敬的米哈依·米哈依诺维奇，大人此次荣归故里，我们正打算给您接风来着，我这不正想去府上恭请您吗，我便在前边带路，请大人不吝赐教，去寒舍一坐……"

刚才这一幕，契诃夫早已一滴不落地摄入自己的眼中，脑子也飞快地转动，替这对儿时的玩伴，现在已身份悬殊的人编起故事来。

这个故事一直萦绕在契诃夫心头，后来，他到莫斯科读书，成了医生和作家，便把这个故事加工后写成了小说，名字就叫《变色龙》。

·泰戈尔与"两亩地"·

印度近代著名的诗人、作家和社会活动家泰戈尔1861年出生在加尔各答一个地主家庭，父亲是哲学家，也是位著名的社会活动家。泰戈尔从小就有"诗童"的盛名，一生中写了50多部诗集、12部中长篇小说和百余部短篇小说。1912年问世的抒情诗集《吉檀迦利》曾获诺贝尔文学奖，他的短诗《人民的意志》成为印度独立后的国歌。在他1941年去世之前，他遍访欧亚各国，写了许多政治抒情诗，表达了他追求和平幸福的理想。

1890年，泰戈尔的家庭里发生了严重的矛盾冲突。他的大哥原来管理着家庭的谢里达庄园，大哥是位社会活动家，他免去了庄园农民的租税，还要父亲寄钱去，帮助生活极端困难的农民。父亲不能接受，一气之下，把信递给泰戈尔，要他去接替大哥管理谢里达庄园。泰戈尔看完哥哥的信，劝父亲答应大哥的要求，寄钱到谢里达庄园去。但父亲执意不肯，泰戈尔只得离开加尔各答，移居到谢里达去。

来到谢里达，泰戈尔没有想出劝说大哥听从父亲的办法。他独个儿常常骑着马，背着药箱，走村串庄，给农民们免费治病。在谢里达优美的自然风光和勤劳朴实的农民影响下，泰戈尔创作了许多诗歌，汇编起来一共有9卷。

在这些诗中，有一首叫《两亩地》的诗作，是泰戈尔最著名的作品，体现了泰戈尔反对地主王公残酷压迫剥削农民的立场，宣传了深刻的人道主义精神。这篇诗作是泰戈尔创作道路的一次明显转折。

那是在一个大雨滂沱的日子，谢里达庄园泰戈尔的住室门口，来了个穿赭色衣衫的中年僧侣，他是来乞讨食物的。泰戈尔当即把那人引进门来，捧上一杯芒果汁。

泰戈尔的询问勾起了僧侣无限的悲凉。僧侣告诉他，自己是孟加拉地方的人，狠心的王爷庄主抢走了他家仅有的两亩地，毁了他的家，逼得他到处流浪。

前几天，他又回到自己的两亩地上，王爷已经在上边种了许多花木，改成了花园。他坐在自己原先种的一棵芒果树下，正在回想当初王爷怎样伪造田契，夺走他赖以生存的两亩地的经过时，两颗熟透的芒果正好落在他脚边。他认为这是老天的恩赐，便捧起芒果想叩谢上苍。

就在这时，来了两个恶狠狠的家丁，把他抓进了花园。那个狠心的王爷早已认不出这位憔悴的僧人便是当初两亩地的主人，骂他是披着袈裟的小偷，夺去他手中的芒果，将他毒打一顿，赶了出来，他只得重新踏上流浪的路。

听了僧人的叙述，泰戈尔心中涌出阵阵不平。抢走别人土地的王爷变成了正人君子，被剥夺生存条件的人反而成了盗贼，这世界多么不公平呀！他愤然拿起笔，写下了名为《两亩地》的诗篇："王爷的双手偷去了穷人的一切，唉，在这个世界里，谁越是贪得无厌，谁就变得越富裕。"

泰戈尔这种对剥削制度的批判，还表现在以后写的各种作品中。他在长篇小说《戈拉》中，用深沉的笔调勾勒了印度乡村的苦难，鞭挞靛青种植园主对农民的压迫以及殖民者的残忍。在《顽固堡垒》中，泰戈尔指出现存的反动政权都建立在剥削压迫的基础上，只有摧毁这种制度，才能建立一个没有剥削和压迫的理想社会。《两亩地》的思想，在这些作品中得到了更积极的发扬。

·愿洒碧血为祖国的黎萨·

何塞·黎萨是19世纪菲律宾最杰出的民族诗人和作家。他1861年生于马尼拉附近的卡兰勃小城，父亲是一位有中国血统的地主。他9岁就以《我们的祖国语言》一诗一鸣惊人。长大后，他因为参加独立斗争而被放逐，1892年回国，创立"菲律宾联盟"，数日后便被逮捕，囚禁在达比丹要塞，4年后的12月30日被西班牙殖民者杀害。

到1892年，黎萨被迫离开菲律宾已经10年了。这10年的生活经历，黎萨觉得十分充实，而且问心无愧。1882年，他被迫出国，在欧洲发愤读书，成为有名的学者。他掌握了法国启蒙主义革命学说，把它作为同西班牙殖民主义斗争的有力武器。

黎萨同菲律宾的爱国知识分子在西班牙的马德里成立爱国团体，创办了《团结报》，写了大量文章，揭露西班牙殖民者在菲律宾犯下的种种暴行，撕开了天主教神甫的画皮，把这些披着羊皮的狼的真面目暴露出来，提出了菲律宾人应享有与外族人同等权利的要求。

黎萨在这10年中还创作了两部政治小说，第一部是《不许犯我》，写的是菲律宾革命知识分子伊瓦腊回国参加独立斗争的故事。他离开祖国7年后回国，这时，父亲已被诬陷死在狱中。他虽然只想"教育救国"，但天主教神甫达马索并不肯放过他，把他关进监狱，还想趁机把他杀害，他只得出逃到美国。

第二部《起义者》则在比利时出版，写13年后伊瓦腊从美洲回国，改名席蒙，决心"以牙还牙，以暴还暴"，与西班牙殖民者作针锋相对的斗争。但是，他没有发动群众，只想搞恐怖活动，结果又遭到失败。

带着希望的黎萨回到菲律宾的时候，发现他的小说正遭受查禁。菲律宾人民十分欢迎他的小说，殖民主义当局却慌作一团，派出宪兵日夜不停地搜查，焚毁这两本书。不但出售有罪，即使只是阅读和朗读也要被抓进监狱。而他自己被宣布有罪，他父亲被剥夺了土地，房屋被烧毁，全家流落在街头。

但是，他在致菲律宾人民的公开信中表示，他回来了，为了解脱同胞的痛苦，他宁愿从容地去就义。

他是那一年6月26日回到马尼拉的。只过了一个星期，他就在马尼拉成立了"菲律宾同盟"，当场发表了演说，提出了同盟的目标是获得菲律宾的独立，但他还不赞成立刻进行武装起义，而是采取合法斗争的手段。

没过几天，殖民当局就逮捕了黎萨，把他关进了棉兰老岛上与世隔绝的达比丹要塞。在狱中，黎萨依旧不停止他的写作，西班牙殖民者对他一点办法都没有。

1896年，黎萨的"菲律宾同盟"成员、贫民革命家波尼法秀组织了武装起义的秘密组织卡迪普南，在8月23日打响了独立战争第一枪。3个多月之后，革命的烈火在菲律宾大地熊熊燃烧，很快遍及全国。

尽管黎萨跟卡迪普南起义并无直接的关系，但是，黎萨的《起义者》却是武装起义的教材，西班牙殖民者为了恐吓革命群众，挫伤人民的精神支柱，决定杀害黎萨。

1896年12月30日的清晨，黎萨留下了遗诗："朝霞绚烂正漫天，我洒碧血山尽染；莫道长夜更难明，且看红日当空悬。"他从容地走上了刑场，死时年仅35岁。

·伏尼契和《牛虻》·

　　有这样一位作家，她在本国默默无闻，不仅进不了文学史，就是大型的文学辞典里，也不一定找得到她的名字。可是在另一些国家里，她却闻名遐迩，被认为是世界一流的大作家，她的小说更是激励了许多人去追求他们的人生目标。这位作家就是《牛虻》的作者丽莲·伏尼契。

　　伏尼契出生在爱尔兰，长在伦敦，毕业于德国柏林音乐学院。在伦敦时，她有许多俄国流亡者朋友，在他们的影响下，她十分关心东欧和俄国的革命，并多次旅居俄国和波兰。

　　1884年，大学即将毕业的伏尼契(那时她的名字叫丽莲·布利)到华沙旅游，当时的波兰正处在沙俄铁蹄的践踏之下，许多革命者被沙皇军队关进了监狱，她出于对这些革命者的仰慕和尊敬，专门前往当时的华沙监狱，站在高墙之外的人行道上，怀着肃穆和沉重的心情向监狱内眺望。

　　这时，一间牢房的窗口上闪出一张年轻的面孔，她并不认识这个人，但她知道这人一定是一位革命者，便友好地冲他点了点头。

　　这位青年就是波兰革命政党"无产者"的骨干分子米哈伊尔·伏尼契。当时，他要被沙皇政府判以重刑，在窗口看到的这个苗条俊秀的少女，不仅给他留下了深刻的印象，也使他获得极大的慰藉。

　　后来，米哈伊尔被流放到西伯利亚，他历尽种种险阻，逃出了沙皇的魔爪，辗转来到了伦敦。在朋友的家中，他意外地看到了在波兰监狱外见过的姑娘。

　　"我觉得，我在什么地方见过您，1884年春天，您是否到过华沙？" 姑娘点了点头。"您曾站住一棵树旁，看过监狱吗？" "是的。" 这次奇异的重逢和相识成就了他们的姻缘，不久，丽莲嫁给了米哈伊尔，并用上了丈夫的姓氏：伏尼契。

结婚后，丈夫经常给她讲流亡者斗争的事情，还给她讲19世纪初意大利民族解放的历史故事。这些故事深深震撼着她的心灵。一天，她忽然对丈夫说："我想把你讲的一切写下来，告诉世人。"

"那太好了，我非常支持你。"丈夫说着，亲切地望着自己心爱的妻子。

伏尼契说写就写，她中止了和丈夫外出旅行的计划，一门心思坐在家中开始了《牛虻》的创作。她一边写着，一边回忆着她所见到的许多流亡者和波兰监狱的情景。有时，她要丈夫再仔细说说他在监狱里的情况。丈夫从不厌烦地一遍又一遍地说给她听。实在写不下去时，她就找一些流亡者朋友谈话，以开拓思路，激发灵感。

为了写好这本书，伏尼契常常一天只睡两三个小时. 她查遍了19世纪意大利民族解放运动的资料，翻阅了许多流亡人员的档案，夜以继日地拼命工作。

望着日渐消瘦的妻子，丈夫说："你真的要这么下工夫吗？你的书写出来并不会引起轰动的。"

没想到，正如自己的丈夫所说，《牛虻》一书问世后，在英国根本不被人重视。但谁也没想到，《牛虻》却很快流传到了苏联、中国，迅速成为苏联和中国青年心目中的杰作，小说的主人公亚瑟，也成了很多人崇拜学习的对象。

由于《牛虻》在本国和西方世界备受冷落，伏尼契的创作热情受到了极大的挫折，从那以后，她再也没有写作了。

·欧洲的良知：罗曼·罗兰·

    罗曼·罗兰是一位法国著名作家，他1866年出生在法国中部一个偏僻小镇，父亲是位公证人。他自幼喜爱文学，从巴黎高等师范毕业后，创作了四部"革命戏剧"、三部"伟人传"，最出名的当推长篇小说《约翰·克利斯朵夫》。他一生经历了两次世界大战，始终站在反对帝国主义战争和反法西斯的正义立场上，被称为"欧洲的良知"。1944年，正当反法西斯战争取得最后胜利的时候，罗曼·罗兰离开了人世。

    罗曼·罗兰一生思想的变化十分复杂，他年轻时与俄国大文豪托尔斯泰的通信对他影响颇大。当时，托尔斯泰发表了《我们到底应该怎么办？》一文，文章中提及统治阶级的文学、音乐，说它们不利于人民，是一种巧妙的剥削和引导人们无视义务的娱乐。一向把文学艺术看做是神圣殿堂的罗曼·罗兰实在想不通，便写信向托尔斯泰求教。本以为自己人微言轻，根本不可能得到大文豪的回答，不料没过多久，托尔斯泰给他回了信，用的是法文，一共写了38页。

    复信里，托尔斯泰指出了文学艺术的真正作用。它决不是为个人的名利的创作，更不能替统治者效劳，而应起到积极作用，跟人民的生活、思想结合。这就要求作者充满着对人类的热爱，因为只有这样才能创造出有价值的东西来。

    托尔斯泰的信对罗曼·罗兰有着重大影响。从这时开始，他开始改变自己的创作方向，写出了以19世纪法国资产阶级革命为题材的"革命戏剧"，其中就有《丹东》、《七月十四日》等直接描写法国大革命进程的剧本。他还饱含激情地创作了伟人传：《贝多芬传》、

《米开朗琪罗传》和《托尔斯泰传》，力图以伟大人物的高贵品质影响人、教育人，给不幸的人们以安慰和勇气。

就在写伟人传的同时，罗曼·罗兰开始连续发表他的第一部长篇小说《约翰·克利斯朵夫》。这是以贝多芬为原型创作的音乐家的故事，写出清教徒式的音乐神童与社会的矛盾冲突，以及他在欧洲各个国家不断的奋斗过程。小说通过克利斯朵夫的经历，控拆了资产阶级社会对艺术天才的摧残。

正因为他的作品里充满高尚的理想和对真理的热爱，1915年，正当第一次世界大战期间，罗曼·罗兰获得了诺贝尔文学奖。这次获奖跟罗曼·罗兰对帝国主义战争的谴责也不无关系，1914年，他就曾在居住地瑞士发表了《致霍普曼的公开信》，谴责这位德国作家替德国的侵略战争宣传效劳。

从此开始，罗曼·罗兰不断站在和平与人道主义的立场上，反对各种帝国主义的侵略战争。20世纪20年代，他写出长篇小说《欣悦的灵魂》表达了自己的观点，认为和平必须通过斗争才能获得。

整个20世纪30年代，罗曼·罗兰积极参加进步政治活动，出任国际反法西斯委员会主席，反对战争，争取和平。在这期间，他还写了最后一部历史剧《罗伯斯庇尔》，纠正了自己对雅各宾党人的认识，塑造出法国大革命中最具彻底性的英雄人物群像。

第二次世界大战时，罗曼·罗兰已重病在床，他眼看法西斯蹂躏自己的国家，便不停地写作，号召人们起来斗争。1944年，在法国获得解放后不久，忍受了几年病痛的罗曼·罗兰在年底与世长辞。

·关不住的"海燕"高尔基·

高尔基是苏联伟大的无产阶级文学家，他1868年出生在尼日尼·诺夫戈罗德城的一个木工家里。1884年到喀山后，一边打工，一边自学，到1892年登上文坛。1906年出版著名的长篇小说《母亲》，为无产阶级文学奠定了基础，他一生创作丰富，成就斐然，1936年因病逝世。

1901年，高尔基登上文坛已经近10年。从他的第一个短篇《马加尔·楚德位》开始，他已陆续发表了《切尔卡斯》、《伊则吉尔婆婆的故事》、《鹰之歌》等名篇，成了引人瞩目的作家，后来，他又出版了长篇小说《福玛·高尔杰耶夫》，名声更大了。

在这个时期，高尔基不但与柯罗连科、契诃夫等进步作家加强联系，还广泛开展了社会及政治活动，参加了社会民主党的组织工作，与革命者保持着广泛的联系，替受迫害的大学生鸣不平。1898年，他还因为这些活动被沙皇的警察逮捕，释放之后，也处于特别监视之下。

1901年，高尔基创作了一个短篇小说《春天的旋律》。《生活杂志》打算发表这篇小说。可是，样书送到书刊检查官那儿，却因为里边太多的禁忌不准发表。检查官虽然反对发表全文，却最后答应发表小说中的一段散文诗，这就是大家后来看到的《海燕之歌》。

其实，《海燕之歌》正是全文中的精粹。它是革命高潮到来的宣言。此文刊出之后，在革命群众中迅速流传，极大地鼓舞了革命者的斗志。沙皇警察气急败坏，又一次逮捕了高尔基。

那是《海燕之歌》发表后不久的一个深夜，宪兵粗暴地敲开了高尔基住所的大门。高尔基还在他的书房里工作，宪兵闯了进去。高尔基双肘撑在书桌上，抬起头，并不回答宪兵的大声质问，反而笑吟吟地回答："你们把所有的抽屉打开吧，里边有你们要找的东西。"

搜查从凌晨1点持续到8点，宪兵们把高尔基所有的文学作品以及草稿都塞在一只麻袋里，高尔基也被他们带走了。理由是他的《海燕之歌》属于"危险的和有害的作品，会使思想传染自由的毒菌"。

这一次，沙皇政府似乎要对高尔基算总账了。把他关进监狱后，不仅折磨他，使他的肺病严重恶化，还组织一批御用文人，在官方报刊上对高尔基发动围剿，一位"诗人"还在诗里写道："不，诗人！你幻想的暴风雨绝对不会发生！"

高尔基第二次被捕，激起了俄国许多进步人士的不满。特别是当他们知道高尔基在狱中病情加重之后，纷纷抗议宪兵的残暴，伟大作家托尔斯泰也站出来，保释高尔基。当局无法再关押高尔基，只得把监禁改成在家管制。

所谓"在家管制"，实际跟蹲监狱差不多。在高尔基家，厨房里坐着一个宪兵，阳台上又坐着一个，大门外，一个警察在不断巡逻。高尔基只能在警察"护送"之下，在没人的地方散步"放风"，人多的地方是绝对不能去的。这样的状况一直持续了好几个月。

最后，沙皇当局终于作出了"判决"，把高尔基流放到阿尔扎马斯城去。不过，因为健康原因，准许高尔基到克里米亚去疗养。

高尔基要离开了，全城的人都来为他送行。在车站上，送行变成了一次群众的示威，人们高唱着革命歌曲，对《海燕之歌》的作家，表示深深的敬意。而高尔基也绝不向专制政府低头，他继续为革命事业奋斗着。几年之后，高尔基的身影又出现在抗议沙皇政府镇压示威群众的战斗第一线。

·流浪汉作家杰克·伦敦·

　　杰克·伦敦是美国文学史上著名的小说家，他1876年生于加利福尼亚的旧金山，家中十分贫困，因此早年他以出卖劳动力为生，到处流浪，干过许多工作。所以日后杰克·伦敦的作品大都以这段生活为基础，作品内容批判了资本主义社会的残酷、腐朽和空虚。《马丁·伊登》便是他带有自传性的长篇小说，最能够体现他的创作特色。杰克·伦敦于1916年自杀身亡。

　　童年生活对杰克·伦敦来说，充满着痛苦的回忆。他跟着父亲颠沛流离，生活总是那么贫困。10岁的时候，他就得上街卖报；14岁的时候，他就进了奥克兰罐头厂当童工，工作相当劳累，有的时候要连续36个小时干活；还只能拿到相当于成人工资一半的薪水。

　　后来，杰克·伦敦离开工厂，到旧金山当上了"蚝贼"，干着当时违禁的捕蚝的活儿。一年多后，又到船上当了水手，曾航行到过日本，回国后又去黄麻厂和铁路工厂干粗活，一个人干两个人的活，还是无法维持最基本的生活。杰克·伦敦再一次离开工厂，到全国各地流浪。

　　从此以后，他居无定所，有时步行，有时扒火车，被警察当做"无业游民"逮捕，罚做苦工。后来他到阿拉斯加去淘金，金子没有淘着，却染上了坏血病。九死一生之后，他回到了旧金山，决定不再出卖劳力，走上了文学创作的道路。

　　个人的苦难生活经历成了杰克·伦敦取之不竭的创作宝库。他曾经写过小说《叛逆者》，那便是他童工生涯的写照，小说用细腻真实的笔触，描写了资本主义制度下悲惨的童工生活，对这种罪恶的制度作了控诉。

在阿拉斯加那一段几乎要送命的生活，是杰克·伦敦记忆中最深刻的一段时光。他的《北方故事》短篇小说集记录的，便是淘金者在气候极端恶劣，食物极端匮乏的条件下，人和自然进行殊死搏斗的故事。其中最有名的当数《热爱生命》这个故事。故事描写一个饿得快要死去的病人，要穿越一条荒无人迹的雪地，到大河边码头去的过程，反映了人类与自然搏斗的坚强意志，深得读者欢迎。

杰克·伦敦还有一组描写动物的小说，那便是写已经驯化的狗，在与群狗斗争的过程中恢复了狼性，逃入密林，再变成狼的《野性的呼唤》。《白牙》则是写一头狼在主人体贴周到的照顾下，驯化成狗，最后帮助主人咬死敌人的故事。不管是狗变狼，还是狼变狗，都通过对动物特征生动细致的描写，曲折地反映人类社会的尔虞我诈、勾心斗角的冲突，含义十分深刻。作为动物小说，它的真实性、艺术性，也是无人可比的。

杰克·伦敦来源于自己切身经验的小说中，最全面、最深刻的当然是近于自传体的长篇小说《马丁·伊登》。这部写于1909年的小说，主要的情节虽然是虚构的，但主人公的经历，却有着作者早年个人奋斗的痕迹。

水手马丁·伊登偶然闯进了律师摩斯的家庭，他充沛的精力、过人的才智颇得律师女儿罗丝的青睐。在罗丝的鼓励下，马丁·伊登一边打短工，一边勤奋读书，开始写作，有时连饭也吃不上。但马丁的作品一篇篇被退回，律师对他失去了信心，罗丝也与他断绝了关系。

最终，马丁·伊登成名了，过去看不起他的人一个个跑来巴结他。但是，马丁爬到社会顶层之后，只觉得"高处不胜寒"，空虚包围着他，他的精神在寂寞之中彻底崩溃了，最后以自杀的方式结束了自己的生命。

不仅马丁的奋斗史与杰克·伦敦的经历一模一样，即使在马丁成功之后的思想性格特征，与杰克·伦敦也有惊人的相似之处。后来，杰克·伦敦也终于走上了与马丁同样的道路，以自杀的方式结束了自己的生命。

·"苦闷的象征"鲍里斯·

鲍里斯·帕斯捷尔纳克1890年生于莫斯科一个美术教师之家。1917年，十月革命掀开了俄国历史新的一页，帕斯捷尔纳克写出了自己的诗集，以其中《生活，我的姐妹》成为名闻遐迩的新诗人。20世纪30年代开始，他因种种原因搁笔改做翻译，直至卫国战争之后。从1948年开始，用10年时间创作了长篇小说《日瓦戈医生》。小说一出版，立刻引起轰动，当年，瑞典文学院便宣布把诺贝尔文学奖授予帕斯捷尔纳克。在冷战的形势影响下，作者在国内遭到迫害，终于销声匿迹，1960年，帕斯捷尔纳克因病去世。

从1931年开始，帕斯捷尔纳克曾经因为观点不同，受到过当时文学批评权威的指责，他便停止了创作。他这种不介入的态度一方面让他躲过了当时一场政治灾难，另一方面也让他成为翻译界的泰斗。他通晓四国文字，把大量西方的作品介绍到当时的苏联，他出色的工作，曾五次得到诺贝尔文学奖的提名，但一次次被否决，原因是帕斯捷尔纳克不过是"生活在俄国的俄国作家"。

到了20世纪50年代，帕斯捷尔纳克的《日瓦戈医生》写成了。日瓦戈是一位精通医术的医生，在十月革命期间颠沛流离，最后贫病交加，倒毙街头。这部作品是对苏维埃政权执政期的工作失误的反思，也是作者几十年来对时代发展的思索与检讨。但是，《日瓦戈医生》的手稿被当时的杂志社退稿，在国内无法出版。原来与意大利签订好的合同也无法执行。

1957年，意大利出版商违反合同，在未经帕斯捷尔纳克同意、国内版没有问世的时候，擅自出版了意大利文本的《日瓦戈医生》，不到一年，有15个国家用不同文本出版了这部小说，荷兰还出了俄文版，一时间，《日瓦戈医生》成了全世界的畅销书，后来又被拍成电影，流传深远。

这时候，瑞典文学院立即改变了态度，匆匆宣布把1958年诺贝尔文学奖颁发给帕斯捷尔纳克，理由依旧是他促进了东西方文化的交流。对于这一决定，帕斯捷尔纳克当然十分兴奋，曾表示非常感谢。

与此同时，西方媒体掀起了一股"日瓦戈热"，把《日瓦戈医生》称作"不朽的史诗"；有的评论家还断章取义，把小说称作"自由俄国之声"。这时候，正值冷战时期，文学的话题当然会牵动敏感的政治，苏联当局立即作出了强烈的反应，最终造成了作者的不幸。

作家协会率先作出决定，他们开除了帕斯捷尔纳克的会籍。《真理报》、《文学报》相继对作者进行了猛烈的抨击。大学生们有组织地到帕斯捷尔纳克寓所外进行示威，还砸毁了他家的门窗。帕斯捷尔纳克只得在11月底重新电复瑞典文学院："鉴于我所从属的社会对这种荣誉的用意所作的解释，我必须拒绝这份已经决定授予我的、不应得的奖金。请勿因我自愿拒绝而不快。"他只能这样做，以减轻社会压力。

可是，对他的攻击绝对不会因为他拒绝奖金而停止，有人把他比成"一头弄脏了自己食槽的猪"，莫斯科作家甚至举行集会，建议开除帕斯捷尔纳克的国籍，把他驱逐出境。帕斯捷尔纳克只得公开检讨，由他的家人起草，自己签名，发表公开信，声明不愿离开他生长、生活的祖国俄罗斯，请求最高领导人赫鲁晓夫不要采取极端措施。

在国际舆论的压力下，苏联当局没有把他驱逐出境。但从此帕斯捷尔纳克便销声匿迹，住在一个与外界隔绝的地方。他不与外人见面，拒绝记者，家里不装电话，自己也很少看报。就这样过了两年，他心情抑郁地离开了人世。

·马雅可夫斯基智斗"小花帽"·

马雅可夫斯基，苏联诗人，1893年诞生在格鲁吉亚一个林务官家庭。13岁时父亲去世，家道中落，迁居莫斯科后不得不和姐姐一起干零活维持家用。投身于革命之后，他写出了长诗《列宁》和《好》，并一直以手中的笔歌颂革命，鞭挞丑恶现象，成为"无产阶级的喉舌"。1930年，他"因为自身的原因"，自杀身亡。

1917年2月，革命推翻了沙皇专制政权，这极大地鼓舞了马雅可夫斯基。他写了新作《革命》，歌颂革命的胜利，特别歌颂了工农大众，他在诗里写道："公民们！千年的'老古套'今天被打破了。世界的基础今天要重新来考虑。"

沙皇是被打倒了，可是资产阶级克伦斯基政权却千方百计想篡夺胜利果实，他们不仅继续对外作战，还千方百计妄图镇压劳动大众的真正代表布尔什维克。所有的反动派都摇唇鼓舌，千方百计诋毁布尔什维克，为即将要实行的残酷镇压作舆论准备。

有一天，马雅可夫斯基走在大街上，远远地看到街头的空地上，有一群人聚集在一起，似乎在听人演讲。他正好顺路，经过人群的时候，听到人群中，一个尖细的嗓子在声嘶力竭地喊着，句句话都提高了八度，像在骂什么人。

马雅可夫斯基停下了脚步，听得那人每一句话都是对布尔什维克的诽谤，什么杀人共妻，什么抢劫破坏，把布尔什维克说成了十恶不赦的恶魔。其实，从那些恶毒的话中，可以知道那人实在根本不了解布尔什维克的纲领与主张。

马雅可夫斯基从人群外往里一瞧，里边正唾沫飞溅的，竟是一位头戴小花帽、手提钱袋的女人。他略一思考，立即想到了反击的办法，他决定要揭穿那人的真相，不许她这样信口雌黄，污蔑布尔什维克。

马雅可夫斯基突然伸出双手，分开围观的人群，冲到那个女人身边，扯开喉咙，压倒那人的讲话声："抓住她！抓住她！她昨天偷走了我的钱包！"那女人被吓坏了，立刻停下讲话，问马雅可夫斯基："您说什么？您是不是搞错了？我？我怎么会偷您的钱包？"

马雅可夫斯基一把抓住她的钱袋。更大声地吼道："没错！就是她。她还戴着小花帽，昨天我的钱包就被她藏进这只钱袋中的！我那钱包里有25卢布，你用到哪儿去了？"

那女人急得直扯那只钱袋，马雅可夫斯基就是不肯放手。围观的人看到这一幕，都讥笑那个女人："真看不出，原来她是个小偷！""刚才看她那种振振有辞的模样，我还当她是个正人君子呢。""大伙儿小心，说不定她又偷了哪位的钱包！"说完，大家一哄而散。

等人走光了，那女人一把鼻涕，一把眼泪，对马雅可夫斯基说："我的上帝，您仔细瞧瞧，我可没拿什么钱包，我真的是头一回见着您呀！"马雅可夫斯基轻蔑地一笑："你第一回见着我？我可是一个真正的布尔什维克。你连一个布尔什维克都不认识，刚才却大谈特谈布尔什维克！"说完，把手中的钱袋扔给她，径自走了。

后来，马雅可夫斯基更加积极地用手中的笔为革命摇旗呐喊。十月革命爆发了，攻打冬宫的革命士兵们齐声高唱马雅可夫斯基的诗句："吃吃你的菠萝蜜，嚼嚼你的松鸡！你的末日到啦，资产阶级！"一齐冲进了冬宫。

·没留遗言的川端康成·

　　1899年6月，一个早产的男孩在日本大阪一个医生家中诞生。两岁的时候，他父亲就死了，又过一年，他母亲也离开了人世，他只得由祖父母带回到故乡。成为孤儿、身体又瘦弱的男孩却在日后成为一名著名的作家，写出了《伊豆的歌女》、《雪国》等名著，并因此获得了1968年的诺贝尔文学奖，成为日本第一个、亚洲第二个获奖者。他，就是川端康成。

　　川端康成的作品中，《伊豆的歌女》应该是酝酿时间最长的一篇作品了。川端康成是一个孤儿，从小开始，便处于一种老是接受别人恩赐的地位，他常常因此感到屈辱，心头充满着压抑。

　　1918年，川端康成还是个中学生，他有机会到伊豆作了一次旅行，偶然邂逅了一个巡回演出的艺人团体，便与他们一同出行。团里有位年轻的舞女，平等地对待川端康成，把他称为一个好人。川端康成第一次感到了真挚的感情，对舞女产生了纯洁的友情，对受人歧视和凌辱的舞女也自然而然产生深深的同情。他把这种感情深藏在心底，过了8年，才把它演化为一篇动人的小说，这便是《伊豆的歌女》。

　　由《伊豆的歌女》到《雪国》再到《千羽鹤》，川端康成形成了自己独特的创作风格，他把日本的传统价值观和西方的现代写作技巧有机地结合起来。他的创作的影响力超出了本国的范围，为东西方文化的交流作出了巨大的贡献，因此他在1968年获得了诺贝尔文学奖。

　　1968年10月17日傍晚，川端康成吃完晚饭，接到一家外国通讯社的记者打来的电话，告诉他瑞典文学院已把当年的诺贝尔文学奖授给了他。这个消息让平日个性孤僻、沉默寡言的川端康成简直无法相信。

一会儿，上百名日本和外国的记者，一齐拥到了镰仓长谷的川端康成家进行采访，文化厅厅长也带着文艺界人士来祝贺，一束束鲜花堆满了川端康成的书桌，热烈的祝贺一直延续到夜半。

第二天，来的人更多了。瑞典驻日本大使到家中传达了瑞典文学院的正式邀请，把欢乐的气氛推到了高潮。据说，采访的记者，祝贺的客人，以及看热闹的人超过了1000人，平时幽静的小巷人满为患，警察局不得不派出几名警员前来维持秩序，疏理交通。

川端康成不时咕哝着："可不得了啦！太麻烦了！"但又不得不一次次接见来客，站在麦克风前回答记者的提问，跟所有来访的名人拍照留念。繁忙的应酬，简直让川端康成心力交瘁，就是连获奖感言，也只得见缝插针，一段一段地拼凑起来，直到授奖仪式开始之前几小时，才匆匆完稿。

在授奖典礼上，川端康成确实作了一个非常得体的演讲，以后，他还到美国作了关于《日本文学之美》的讲演，他的演讲受到了普遍的欢迎，并使世界更深刻地了解了日本的文学。但是，在荣誉面前，川端康成有难以言说的不安。他在《夕照的原野》一文中透露："声誉是影响发挥才能的根源。如果一辈子保有荣誉市民的资格，心情就更沉重，我希望从所有名誉中摆脱出来，让我自由。"

这种自由恐怕是不可能的了。1972年4月，川端康成选择了自杀。那天，人们发现他在四楼一个房间里，枕边放着威士忌，嘴里含着煤气橡皮管。他没有留下任何遗言，因为他认为："自杀而无遗书，是最好不过的了。无言的死，就是无限的活。"

·打不败的海明威·

海明威1899年生于美国芝加哥附近一个医生的家中。第一次世界大战中负过伤，后参加过西班牙的起义，并参加过第二次世界大战。写出过《永别了，武器》这样的反战名著。二战后定居古巴，又写出了《老人与海》这样的名著，因而获得了1954年的诺贝尔文学奖，1961年因重病缠身而自杀身亡。

第二次世界大战结束后，曾经以记者身份参加了解放巴黎战斗的海明威，平安地回到了美国。他不愿住在加利福尼亚那座自家的别墅里，来到了古巴。这个阶段，他几乎没有多少新的创作，只是在海边打打鱼，或者去欧洲和非洲旅游。非洲那次旅游几乎要了他的命，他左眼失明，身体多处受伤，以致世界上好多通讯社都为他发了讣告，而他，这位打不败的男子汉，却躺在病床上，津津有味地读着自己的讣告，他并不想就此离开这纷争不休的世界，他还要继续创作自己的故事。

他开始检索自己创作的道路，一方面总结一生的创作经历，一方面寻找新的创作点。他想到，自己创作的开端，是在第一次世界大战之后，正如侨居巴黎的一位美国女作家斯坦因说的那样，他当时是"迷惘的一代"的歌手，而他那个阶段的代表作首选《太阳照样升起》。

后来，他因为在西班牙参战，又写出了《丧钟为谁而鸣》以及后来的《永别了，武器》。这些作品是他经历恶战之后的反思，充满着反战的思想。

那么，这时海明威的思想又发生什么变化呢？在整理资料时，他找到了20世纪30年代自己写的一篇通讯，那是他在古巴听到的一个既简单又具有象征意义的故事，现在，他准备把这个故事加工成一篇小说。

小说讲述的是古巴一位老渔民的故事，老渔夫名叫桑提亚哥。有一次，他独自在加巴尼斯港口外的海面上打鱼，一条马林鱼拽着沉重的钓丝把小船往很远的海上拖，鱼在深水里游，老人跟着它，一天，一夜，又一天，又一夜。马林鱼浮到海面，老人终于把鱼钩住。可是，鲨鱼游到船边，老人用桨打、戳、刺，想赶走鲨鱼，累得筋疲力尽，鲨鱼却把能吃到的鱼都吃掉了。两天之后，人们在朝东60海里的地方找到老人，老人正在船上哭，他快气疯了。

这个实际生活中发生的故事并不是简单地照搬成一篇小说，海明威要做的，是凭借自己海上打鱼的丰富实践，充实这个故事，在具体细致的描写过程中，创造情境，夸张戏剧情节，这就是后来的《老人与海》。

海明威还让故事带上一种人生的寓意，人和外界势力的斗争中或许避免不了失败，有时候，人会成为孤独的失败者。但是人要勇敢地面对失败，就像《老人与海》中的主人公，每当感到自己要垮下去的时候，总还要拼一下，把剩下的力气统统拼出来，因为对他而言打鱼不仅仅是为了生计，还是为了荣誉而战。"一个人并不是生来要给打败的"，你可以从肉体上消灭一个人，但绝不要指望从精神上打败他。海明威从自己的切身体会中，总结出这样一种抽象的勇敢品质。海明威认为，一个人即使在生活中遭受种种挫折，感到孤独和无能为力，但是，他对待失败的态度应是积极地继续努力，他面临一切厄运不丧失信心，这才是最最可贵的。

海明威本人也正是这种"打不败"的硬汉子。

·聂鲁达被迫出逃·

　　智利著名的诗人巴勃罗·聂鲁达出生在1904年，父亲是位铁路职工。聂鲁达对文学有着特别强的接受能力，13岁的时候就在报刊上发表作品。大学毕业后，他历任亚洲、拉美和欧洲各国的外交官，在反对法西斯、挽救落在纳粹手中的智利和西班牙流亡者过程中作出过卓越贡献。1971年获诺贝尔文学奖，1973年病逝。

　　世界反法西斯斗争取得胜利之后，聂鲁达回到了智利，由于他从集中营里挽救出大量人质的光荣历史而被选为参议员，并加入了共产党。但是，当时智利的政局并不稳定，第二年，共产党便被迫转入地下，身兼国会议员和著名诗人身份的聂鲁达虽然开始时并没有直接受到迫害，但是由于他仍然在各种集会上朗读自己的诗作和发表演说，而他的演说内容矛头直指政府，他发表了长诗《伐木者，醒来吧》，以奔放的豪情赞美了被压迫者的反抗精神。警察开始追捕他，聂鲁达只得东躲西藏，隐匿了一年半。迫于无奈，在1949年2月逃离智利。

　　当时的地下工作者开始时打算把聂鲁达藏在运香蕉的船中，将他转移到厄瓜多尔去。聂鲁达却认为那太危险，而且到了瓜亚基尔港，也还是前途未卜。他决定自己冒险。于是，他从瓦尔帕莱索转移到智利寒冷的南方，再通过地下党的社会关系，从走私小道穿过边境到阿根廷，再由那里设法直接到欧洲去。

　　这是一次传奇般的逃亡。聂鲁达戴上眼镜，贴了假胡子，骑马越过荒无人烟的寒冷山区。他历尽千辛万苦，到达阿根廷首都布宜诺斯艾利斯。他找到危地马拉驻阿根廷的外交官阿斯图里亚斯。这位外交官跟聂鲁达是文坛挚友，而且长得也跟聂鲁达十分相似。他知道聂鲁达没有合法的证件，即使有护照也无法去签证，便把自己的外交护照借给了聂鲁达。

聂鲁达靠着这本护照，离开了布宜诺斯艾利斯，到达乌拉圭首都蒙得维亚，又用同样的办法，从那里直达目的地巴黎。

巴黎正在召开世界和平大会，朋友们让他住进大会指定的豪华酒店，然后在会议快要结束之际，让他在大会主席台上露面。代表们立即认出了这位传说中已遭不测的智利诗人，聂鲁达受到了热烈的欢迎。

第二天，报纸报道了聂鲁达出现在巴黎世界和平大会上的消息。昏庸懵懂的智利警方还发表声明，否认聂鲁达到达巴黎。按他们的说法，聂鲁达至今还在智利某地被严密地监视着，智利官方随时随地可以逮捕他。

这个谎言被揭穿后，智利政府又通过外交渠道，要法国政府吊销聂鲁达的护照。可惜他们实在是鞭长莫及。聂鲁达在巴黎又有好多朋友。大画家毕加索等人四处出面，为聂鲁达想方设法。法国诗人苏佩维烈的女婿是巴黎的法国警察头目，苏佩维烈便带着聂鲁达直闯女婿的办公室。正好那位警察也接到命令，要留下聂鲁达，便当着这两个人的面，直接打电话通知智利驻法大使，聂鲁达的护照是合法的，不能收回，他想住多久，便可以住多久。

智利政府无法左右法国当局，便对聂鲁达下了通缉令。聂鲁达只好流亡在欧洲，他一方面继续他的《诗歌总集》的创作与编辑出版，另一方面以世界和平理事会理事的身份，访问各国，致力于世界和平事业。

直到1952年，智利政府才解除了对聂鲁达的通缉令。聂鲁达终于可以回国了。在回到智利的那天，成千上万的智利人拥上街头，欢迎他的归来，他像一位凯旋的英雄，回到了自己的人民中间。

·战士奥斯特洛夫斯基·

奥斯特洛夫斯基1904年生在乌克兰的一个贫苦的工人家庭，从小放牛，当过烧水工人、发电厂的助理司炉。十月革命后参加红军，作战中负伤导致左眼失明，后来又在修铁路和防洪中过度劳累，全身瘫痪，双眼失明。他在病床上创作了《钢铁是怎样炼成的》以及《暴风雨里诞生的》等作品，成为全世界进步青年欢迎的作家。可惜他英年早逝，1936年因病去世。

1927年，奥斯特洛夫斯基全身瘫痪了，没多久，他的右眼也失明了。变成了盲人的他当时只有23岁，今后的日子怎么过呢？他不甘心就这样靠抚恤金过日子。他想根据自己的经历，写成一部小说，献给青年们。

这以前，他就写过一部关于柯托夫斯基骑兵团战斗生涯的小说《暴风雨里诞生的》，可惜原稿在寄送的途中被丢失了。现在双眼失明了，能不能继续进行创作呢？奥斯特洛夫斯基在最困难的时候，没有退缩，决心做一个对社会有用的人。

1930年，奥斯特洛夫斯基迁居莫斯科，有了一个比较安定的生活环境，他便开始了创作。他把自己的这本小说取名叫《钢铁是怎样炼成的》。小说写的是一个能克服困难、意志坚强的青年红军战士保尔·柯察金。他出身贫苦，经历了十月革命时期的艰苦岁月，打仗时负了伤，回乡后担任共青团工作，在建设家乡的战斗中又患了风湿性疼痛，后又染上伤寒，虽然经医生多方抢救治疗，但最后全身瘫痪、双目失明。他曾经想过自杀，但最后还是决定，不做生活的懦夫，他要继续战斗，用笔记录下自己和战友们的奋斗经历，用它教育后人。

故事的主人公明显有奥斯特洛夫斯基自己的影子，但又不完全是一部自传，而是一代青年艰苦奋斗的缩影。

一位双目失明的人想从事写作，实在是困难重重。而奥斯特洛夫斯基除失明的困难外，还有更大的困难。他的手臂，只有肘部以下还能活动，而且，手掌一动弹，关节就疼得厉害。到了下雨下雪的日子，那关节不动弹就疼得要命，稍稍动作一下，额上就会冒出豆大的汗珠。但是，这一切都不能阻止他的创作。

开始的时候，他让人做好与稿纸相同大小的纸夹，封面上带有一行一行的漏孔，他可以用手摸到那些漏空的格子，在纸夹的白纸上写下一行又一行小说的底稿。一张写完了，他抽出写满字的第一页，扔到地上，然后再开始写第二页。扔在地上的稿纸，由妻子拉亚捡起来再进行整理。

这样写作，他必须每写一页就记住一页，免得写下一页时，忘记了刚才写的内容。这样写十分吃力，进度也太慢。妻子和亲戚朋友们看到后，就主动来帮助他。后来，采取由奥斯特洛夫斯基口授，他们记录整理的办法，这样小说创作的进度加快了，一年之后，《钢铁是怎样炼成的》第一卷终于写好了，他托人把打好的手稿送到了国家出版局，申请出版。

很长时间，国家出版局没有给他一点答复，奥斯特洛夫斯基等得焦急万分。手稿几经周折，才被青年近卫军出版局采用，小说要出版了，他也被莫斯科作家协会吸收为会员。于是，他以更高的热情投入

到第二卷的创作之中，每天，从上午10点开始工作，到下午4点为止，晚上构思第二天要创作的情节，到1933年，第二卷就写成了。

《钢铁是怎样炼成的》出版后，受到国内外读者的一致好评，被译成了50多种文字，许多世界著名的作家赞扬它给全世界作出了高尚的榜样。苏联政府也授予奥斯特洛夫斯基列宁勋章，以表彰他的英雄事迹。

·从征粮员到作家·

　　肖洛霍夫是苏联一位伟大的作家。1905年，他出生在顿河地区一个哥萨克家庭，亲身经历了十月革命之后国内战争那一段惊险、艰难的生活，凭着他对哥萨克与那段历史的了解，他写出了《静静的顿河》、《被开垦的处女地》等长篇小说，并因此获得了1965年度的诺贝尔文学奖。他于1984年去世。

　　肖洛霍夫12岁的时候，十月革命爆发了。从此，他开始了动荡的生活，中学生涯也变得断断续续。德国军队入侵，哥萨克的内乱，让他学习到许多书本上学不到的东西。1920年，15岁的肖洛霍夫只读到中学四年级，便中止了学业，到镇苏维埃去当了一个统计员，从此，肖洛霍夫开始了人生经历中那段艰险的历程。

　　当年，过去的白匪、富农和哥萨克中沙皇军队里的顽固派，经常密谋叛乱。马赫诺匪帮也出没在顿河地区，他们都把目标对准布尔什维克。为了对付这些反革命分子，苏维埃组织了特别行动队，用革命的暴力镇压反革命。肖洛霍夫也积极要求参加，可惜因为他年纪太小，没有被批准。

　　不久，肖洛霍夫受命去区委送一份重要的信件，区委主席知道肖洛霍夫想参加特别行动队曾遭到拒绝，便答应介绍他参加。谁知他喜滋滋回村的时候，遇上了马赫诺匪帮，他和好多人一同被捕了。马赫诺本人还亲自审问了肖洛霍夫，大约因为肖洛霍夫年纪太小，马赫诺毫不在意，只草草问了几句，便放了他，肖洛霍夫于是才逃过一劫。

　　1921年，顿河地区遭到了灾荒，旱风刮遍草原，苏维埃政权面临严重的经济困难，人民缺衣少食，不少人在挨饿。肖洛霍夫担任征粮员，到各个村庄去宣传鼓动，动员农民们缴粮。当时，小股的土匪到处流窜，当征粮员随时有被抓被杀的危险。事实上，肖洛霍夫有几次刚开过村民大会，离开村庄，土匪就进了村。

尽管生活是那么艰苦、危险，可是每到晚上，人们还总是聚集在剧院里，看镇里的戏剧小组演戏。这个小组的导演、编剧、主要演员都是肖洛霍夫。他特别喜欢演喜剧，不仅改编了《纨绔子弟》等名作，还自己写了《常胜将军》、《勤务兵和将军》等以当代事件为内容的剧本，这些文学创作经历带给他无比的快乐和兴奋。

有了初步创作经验的肖洛霍夫对周围发生的一切，开始用与以往不同的观察角度，来留意周围发生的一切，并把它和文学联系起来。他听过一位哥萨克叶尔马科夫讲的许多故事。这位哥萨克曾经是顿河军团的少尉军官，还得过乔治勋章。此人作战勇敢，在红色近卫军服过役，又参加过暴动，后来又投降了红军，奔赴波兰前线。他的故事，后来就演化成《静静的顿河》里主人公葛利高里的故事。因此，肖洛霍夫的作品，是那时顿河流域各种历史事件的艺术概括，难怪它是那么生动和感人。

肖洛霍夫在国内战争结束前夕，就受到上级重视，区里要派两个人到训练班学习，其中一位就是肖洛霍夫。学习结束后，他担任了粮食委员会的领导成员，成为当时镇里决定一切的三人小组成员之一，他在这个岗位上显示了自己的才干和政治上的成熟，得到了上级的赞扬。

内战结束了，肖洛霍夫向往着新的生活，他决定离开偏僻的顿河农村，到莫斯科继续完成自己的学业。在首都，他从四面八方拥来的积极分子中脱颖而出，一步步踏上文坛，成长为一名杰出的作家。

·记者兼作家法拉奇·

1930年，意大利佛罗伦萨城中诞生了一个女孩，她的父亲是位勇敢的意大利战士，后来在第二次世界大战中为反法西斯而英勇牺牲。这个女孩就是意大利著名的女记者和作家奥丽亚娜·法拉奇。她以采访录《风云人物采访录》而名闻全球，还写出了著名的《男子汉》和《印沙安拉》。前者是人物传记，后者是一本反战小说，出版后风靡全球。她于1992年因癌症病逝。

法拉奇是一位善于抓住关键时机采访风云人物的记者。越南战争爆发时，她不断来往于河内、华盛顿；中东危机发生了，她紧紧追住阿拉法特；西班牙风云突变，她立刻出现在马德里……她是位极有个性、充满智慧，又十分执着的人，连美国前国务卿基辛格有一次也在她尖锐的问题前面，被迫吐露出隐秘，弄得自己十分狼狈。

1980年，法拉奇又把目光转向了正在发生深刻变化的中国。那年夏天，长期悬挂在人民大会堂的两幅毛泽东画像，以及两块永久性标语牌被取下了，邓小平提出，要完整、准确地理解毛泽东思想。全世界都在关心这种变化，法拉奇认定，这年的风云人物应该出现在北京。

8月21日，红叶开始染红，法拉奇被选定采访邓小平，因为她照实发表采访结果的做法符合邓小平的要求，一字不漏，全文发表总比断章取义的改写客观得多。那一天，她乘车进入了中南海。

法拉奇的问题，一向单刀直入，她见面后立即提出："天安门上的毛主席像，是否要永远保留下去？"这是全世界十分关心的问题，因为人们对赫鲁晓夫对待斯大林的做法记忆犹新。

邓小平干脆明快地回答："永远要保留下去。"并指出，过去把毛主席像到处挂，并不是一件严肃的事，不能表明对毛主席的尊重。在中国人民感情深处，毛主席永远是党和国家的缔造者，人民永远怀念他。

法拉奇的问题越来越尖锐，她毫无顾忌地问："对西方人来说，我们有很多问题不了解。中国人民在讲起'四人帮'时，把很多错误都归咎于'四人帮'，但他们伸出的是五个手指。"

邓小平并不躲避这种尖锐的问题："毛主席的错误，跟林彪、'四人帮'的问题的性质是不同的。"毛主席的功绩是第一位的，要对毛主席一生的功过作客观的评价。这便是后来的关于历史问题应如何评价的主导思想。

法拉奇尖锐的问题一个接一个，甚至提出邓小平退休的问题。邓小平以老资格的政治家的娴熟技巧一一作了回答。这些回答在日后的政治生活中都被完全一致的事实所证实，也证实了法拉奇采访录的历史意义。

法拉奇的采访共进行了4个小时，取得了圆满的成功，8月28日，意大利报纸首先发表了这次采访谈话的内容，各国报纸立即转载并发表评论。法拉奇的这次采访，载入了新闻历史，她的名声大噪，成为世界最著名的记者之一。

1992年，法拉奇取得了她一生中另一个创作丰收，她写的《印沙安拉》出版了，这部记录贝鲁特维和士兵生活的反战小说，在意大利就售出了60万本，美国初版只印了5万册，一下子便被抢购一空，害得出版商只得加紧重印。

但是，就在法拉奇把《印沙安拉》翻译成法语本时，她发现自己患了癌症。她的性格不允许她向任何困难低头，哪怕是绝症。她依然走到旧金山街头，向一大群听众朗读《印沙安拉》的片断。在众人面前，她徒步登台，声音依然那么铿锵，充满着激情。这是一位多么好强的女性呀。

·宁死不屈的小林多喜二·

　　小林多喜二是日本杰出的革命作家，他1903年出生于秋田一个普通的农民家庭，家境贫寒，4岁时，他全家移居北海道的小樽，投靠亲戚。小林多喜二一生真正从事创作的生涯不过5年左右，却写出了10多部中长篇小说、50余篇短篇小说。28岁时，担任日本共产党领导的作家同盟书记长，1933年因进行地下工作被捕，被严刑拷打致死。

　　1933年2月20日，日本东京，车水马龙的大街上，走着一位身穿和服的年轻人。他个子不高，身体却很健壮，一脸的聪明英俊。当时，因为日本正在发动对中国东北的侵略战争，日本国内的形势也十分紧张，但是，年轻人却气定神闲，一副不慌不忙的样子。

　　他走着走着，穿街过巷，突然拐进了茶楼妓馆集中的红灯区。他的这一线路，似乎在说明他之所以那么轻松的原因，年轻人到那个去处，当然不必十分紧张，谁也不会去注意这样一位年轻人。

　　但是，这位年轻人在穿过一条狭长的胡同之后，立即进了一家饭馆。穿越红灯区，只不过是一种掩护，他是到饭馆里跟日本共产主义青年同盟的工作人员三船秘密接头的，他的动作非常熟练，地点选择得也非常巧妙，这位日本共产党的地下工作者，便是著名的小说家小林多喜二。

　　小林多喜二进了饭馆，便径直朝指定的地点走去。在这儿，没有见到三船，或许三船在路上有点麻烦而迟到了，这种事是经常会有的。他正想安适地坐下等待，四周却一下子出现了一批体格健壮的汉子，二话没说，架起小林多喜二便出了饭馆大门，那里，一辆汽车正在等着。小林多喜二刚被塞进车门，汽车便响起警笛，呼啸着穿过街道，不一会儿便驶进了警察署。

又被捕了，小林多喜二的脑际快速回忆起来。不久以前，日本政府加强了对文艺界的控制，他也曾被捕过，结果在监狱里关押了5个多月，法院对他提出的公诉是他的小说《蟹工船》里有一些对天皇"大不敬"的描写，那只不过是一种无关痛痒的小罪名，目的也只是稍稍惩戒他一番。这一次却大不相同，他是以地下工作者的身份，去跟另一位地下工作者接头，而那个可恶的三船肯定已经成了叛徒，最好的自救办法，恐怕只有给官方一个一问三不知了。

这时候，警察署的特高课却像是注入了一针强心剂。小林多喜二是他们早就监视的危险人物，一直因为抓不到他确凿的"犯罪把柄"而无法惩治他。现在，他终于落入了罗网，这一下看他如何辩解。

于是，特高课的头目下了死命令，严刑拷打，一定要小林多喜二供出地下党的组织情况，即使用刑过重，要了小林多喜二的性命，也在所不惜，反正这是个一定要消灭的危险分子，不必顾及舆论的反应。

一场法西斯式的刑讯逼供开始了。特高课的警察们略略问了几句，小林多喜二只是不开口，他们就把小林多喜二扔给了行刑的凶手。

7个彪形大汉把小林多喜二拖进了行刑室，他们撕掉了小林多喜二的衣服，开始拷打他。7个人抢起碗口粗的木棒，没头没脑地打着，一边抽打，一边发出兽性的狂叫，要小林多喜二把上级、同党的姓名招出来。小林多喜二还是紧咬牙齿，就是不开口。

这些法西斯武士发了兽性，他们不住地毒打着小林多喜二，足足打了三个小时，年轻的革命作家小林多喜二，终于为自己奋斗的事业献出了宝贵的生命。

·面对死亡的卡纳法尼·

　　格桑·卡纳法尼是巴勒斯坦作家，民族解放运动的领导人之一。1936年出生于加沙市一个律师的家庭，12岁时因战乱被迫离开家园，逃亡到大马士革、贝鲁特。曾参加民族解放运动，用自己的笔为巴勒斯坦解放事业效力，1972年被以色列恐怖分子暗杀，终年36岁。

　　从20岁开始，卡纳法尼就开始了文学创作。他的第一部小说是《被偷去的衬衫》。当时他住在科威特。小说形象地描绘了巴勒斯坦难民的苦难。阿卜德的儿子多年来梦寐以求，想得到一件新衬衫，但是，美国官员和阿拉伯奸商勾结，侵吞难民救济粮，使儿子的愿望一直无法实现，他看清了难民苦难的根源，终于奋起反抗，挥锹砍倒了奸商。这篇小说获得了科威特短篇小说一等奖。从此，卡纳法尼成为巴勒斯坦著名的文学家。从这以后，他进入贝鲁特新闻界，当上《安瓦尔报》的编辑。

　　卡纳法尼起初只是写了大量的政论文章，用来唤醒苦难的同胞。后来，随着斗争的深入，他用自己的文学作品做武器，配合巴勒斯坦解放斗争，他创作的惟一主题和目的，就是觉醒与希望、反抗与斗争。

　　1965年，巴勒斯坦人民打响了武装斗争的第一枪。就在发动武装斗争的前夜，卡纳法尼创作了一篇名为《新娘》的短篇小说。这篇小说，成为了武装起义的号角，号召巴勒斯坦人民拿起武器，进行坚决的武装斗争。

　　小说用象征的手法，写了一位近乎疯癫的老人，在沙漠中到处寻找他的"新娘"。他的奇怪行径，引起人们的好奇，后来，老人失踪了，人们一传十，十传百，奔走相告，去寻找那位老人和他的"新娘"。经过多方打听，才知道这位老人是一位抵抗英国侵略的老兵，他在战场上缴获了一支枪，又被上司收去了，他多年来一直念念不忘自己的这支枪，把它称为"新娘"，他要去找"新娘"，也就是去寻找失去的武器。小说实际上表达了巴勒斯坦人对武装解放运动的支持和作者对武装斗争的呼唤。

多次的斗争经历和失败的惨痛教训，使卡纳法尼再也不能单纯地用文艺的形式进行斗争了。他终于从民族主义者运动中解脱出来，创建了"解放巴勒斯坦人民阵线"，把斗争的目标更明显地表示了出来。成为巴勒斯坦解放运动的领导人之一以后，丰富的斗争经历更丰富了他的创作素材。

他先后写了《萨阿德大妈》，表达了母亲和人民这一主题；写了《重返海法》，接触到了巴勒斯坦人和以色列人恩怨的本质。另外还写了《十二号病员之死》、《不属于我们的世界》等小说集，直接反映了巴勒斯坦人的斗争。

格桑·卡纳法尼在巴勒斯坦民族解放运动中的作用越来越明显，这便使他成为以色列恐怖政策的对象。1972年，当时的以色列国防部部长沙龙制定了一个暗杀政策，他列出黑名单，用恐怖主义的手段逐个消灭巴勒斯坦解放运动中重要的领导人。

卡纳法尼成了沙龙黑名单上的人物。当时，许多人已被暗杀，很多人都替卡纳法尼担心，怕他成为下一个暗杀对象。但是，卡纳法尼依旧积极地从事解放运动，一点没害怕恐怖主义者的枪弹。

1972年7月8日，卡纳法尼像往常一样，行走在贝鲁特街头，早已做了周密准备的以色列特工，从人群中向卡纳法尼射出了罪恶的子弹，36岁的巴勒斯坦文学家倒在了血泊之中。